JN297317

歴史の中の英語
English in History

小野 茂

南雲堂

はしがき

　本書は新たに書き下した第 2 章を除いて、40 年の間に講演や様々な刊行物に寄稿した文章に加筆・修正して、ほぼ時代順に配列したものである。各章末の括弧内と巻末の初出一覧に示したように、2000 年以降に執筆したものが半数以上を占める。

　一般に英語史では、英語という言語の音韻、文法、語彙などの歴史的変遷を辿るのが普通であるが、本書ではそういう試みは行っていない。英語という言語がアングロ・サクソン語からアメリカ英語まで、時間的・空間的にどういうあり方をしていたかを具体的な例によって歴史的に辿ろうと試みた。したがって、取り上げた事例は個別的あるいは個人的であっても、常に歴史という文脈の中で捉えている。

　本書の主なテーマはウェセックスである。アルフレッドの時代に栄えた王国の言語が、ノルマン征服後衰退して、一地方の方言になってしまった。それを復活させようとして、バーンズ（9 章）が方言詩を書き、バーンズに師事したハーディ（10 章）は、自作の舞台をウェセックスに置いた。

　18 世紀には、標準英語普及のための教本が多数作られた。ディルワース（8 章）はその一つであり、アメリカで版を重ね、ウェブスター（11 章）にも影響を与えた。このような標準語と方言の推移も本書の主題になっている。

　本書に集められた文章は、一つを除いて講演や寄稿の求めに応じたも

のであるが、幸いなことにそのどれもが私の興味をひくものであって、その機会を利用させて頂くことが自分のためになると思った。そのような機会を与えて下さった方々に感謝する。ディルワースは大塚高信先生、アメリカ英語は大橋健三郎先生、またバーンズとハーディは深澤　俊氏に依頼されたもので、特に記してお礼申しあげる。そして拙文の転載を許して下さった学会や出版社に感謝する。

　つぎに今回もまた出版に際して、編集に骨折って下さった、南雲堂の原　信雄氏に心からお礼を申し上げる。最後に妻、恭子の適切な助言と校正への協力に謝意を表する。

2008 年 2 月 14 日
小野　茂

目次

　　はしがき
序論　細部(ディーテイル)より始めて　7
　1　歴史の中の古英語とアングロ・サクソン・イングランド　15
　2　古英語とその名残　29
　3　標準古英語の歴史的考察　43
　4　古英語・中英語散文の文体　57
　5　中英語研究の諸問題　79
　6　チョーサーの英語と写字生　101
　7　標準英語の発達　1300-1800　113
　8　トマス・ディルワース『新英語案内』(1740)の特徴　121
　9　ウィリアム・バーンズとヴィクトリア朝のフィロロジー　145
　10　ハーディの英語　167
　11　アメリカ英語の形成過程　179
　　初出一覧　205

歴史の中の英語

序論

細部(ディーテイル)より始めて

　英語では馬を horse, 犬を dog, 狐を fox というが、これらは本来「牡」を表す語である。牝馬は mare, 牝犬は bitch, 牝狐は vixen というように、「牝」を表す語もあるが、ふつうには使われない。特に牝を区別する必要がないからである。ところが牛の場合には、bull「去勢されない牡牛」、ox「一般に牛、または去勢された牡牛」、cow「牝牛」のいずれもがふつうに使われる。これらを区別することが生活にとって必要だからである。雪を表すのに英語では snow 1 語であるが、エスキモー語では、降っている雪、積もっている雪、そして氷のように固められた雪は別語で表され、単に雪を表す語はない。これに対して、英語では昆虫と飛行機と飛行士が区別されるのに、アメリカ・インディアンのホーピ語では「飛ぶもの」という一語しかない。これは B. L. Whorf が指摘した有名なことで、人びとはその関心によって経験世界を分類し名づけるのである。動物の雌雄の場合もこれと似ている。これは意味論の問題であり、また民族言語学の問題である。

　ところで、mare や bitch は horse や dog と形の上では関係のない語であるのに対して、vixen は fox と関係がある。古英語では fox に女性語尾がついていて語幹の母音が変化した形 fyxen（この形は文献になく、記録されているのは fyxe）であった。fyxen は中英語では fixen となり、18 世紀まで記録がある。vixen の語頭の v はイングランド南部方言から入ったものである。ここまでは方言間の音の相違、そして他方言からの借用ということによって説明できる。しかしなぜ vixen が南部方言から

入ったのであろうか。ロンドンの地理的位置のために、南東部方言の下地があったからだと言っても、十分な説明にはならない。語源学者 W. W. Skeat は正直に「妙　な　こ　と　に、われわれは実際 fixen の代わりに vixen と言う」（圏点筆者）と言っている。

　とにかく、特に「牝狐」を指す語を使うということは、区別の必要があったからに違いない。すぐに頭に浮かぶのは、イギリスでは狐狩りが盛んだったことである。おそらく fixen にしても vixen にしても、狐狩りの場合には雌雄を区別する必要があったためによく使われるようになったのではないか。そこで OED の vixen の項を見ると「牝狐」の意味の fixen, vixen はほとんどすべて狩猟に関して用いられていることがわかる。次に用例を見ると、fixen は 1410 年ごろと 1605 年の 2 例である。その次の 1706 年の例は辞書の見出し語で、*Vixen* or *Fixen* となっている。そして「牝狐」の意味の最初の例は 1705 年のもので、以下 1719 年から 1880 年までの例が 5 つ挙げられている。このように OED における「牝狐」の意味に関する限りでは、1605 年と 1705 年の間は空白になっている。ところが「王政復古後には、雄鹿狩りに張り合うために、普通の狩猟の形式として狐狩りが始まった」（トレヴェリアン『イギリス史』大野真弓監訳。第 2 巻。164 頁）とか、狐狩りが「チャールズ 2 世時代（1660-85）以降には乗馬を兼ねたスポーツとなった」（『世界大百科事典』〔平凡社〕「きつねがり」の項）とかいう説明を読むと、スポーツとして狐狩りが行なわれるようになったのは上記 1605 年と 1705 年の間ということになる。狐狩りがスポーツとなったことと「牝狐」を fixen でなく vixen と呼ぶようになったことの間に関係があるのだろうか。しかし vixen は南部方言から入ったものであるのに対して、狐狩りが盛んに行なわれたのは特にイングランド中部の the Shires と呼ばれる地域であって、うまく結びつきそうもない。

　しかし問題はこれで片付いた、あるいは必ずしも行き詰まった、わけではない。vixen には「がみがみ女、意地悪女」の意味がある。*OED* によれば、この意味では、fixen という形は 1575 年と 1621 年の 2 例のみ（ただし子供または男について使われた 1700 年ごろの例が 1 つある）で、vixen の方は 1590 年から 1879 年までの 8 例が挙がっている。つい

でながら、vixen の最初の例は Shakespeare の *A Midsummer-Night's Dream* 3:2:324 で Helena が Hermia について言う She was a vixen when she went to school.（彼女は学校時代意地悪女だったわ）である。I. S. Farmer & W. E. Henley, *Slang and Its Analogues* (1890-1904) にはこれ以前の例が2つ（1563年と1590年）引かれている。この辞書の例はすべて vixen であって、fixen の例はない。これまでにわかった限りでは、「意地悪女」という意味の vixen のほうが「牝狐」の意味のそれよりも1世紀以上も早いことになる。そこで考えられるのは、もともと南部方言の形であった vixen が俗語的な「意地悪女」という意味で話し言葉を通してロンドンの人びとに浸透し、それが標準的になって、「牝狐」の意味の場合にも使われるようになった。そしてその時期はちょうど王政復古の後、狐狩りがスポーツとして行なわれるようになったころである。俗語とか口語とかいうことは言語の位相の問題であり、社会言語学の対象となる。

　以上はどこまでも辞書などの記録に基づいた推測にとどまる。しかし方言間の音の対応のみでは説明しきれないことは事実である。言語地理学、民族言語学、社会言語学の対象となるということは、すでに、狭義の言語体系内での説明は不可能ということを示す。言語外の要因が導入されてのみ説明が可能である。逆に言語外といわれる領域までも視界に含めた言語研究が、言語外世界に解明の光を投げかける場合も少なくない。ことに時代が古くなればなるほど然りである。ここでわれわれは言語学から歴史学への道を歩んだ『中世の秋』の著者ホイジンガを思い出す。言語学、文献学の素養が彼を優れた歴史家にしたのである。学問の縄張りは便宜に過ぎない。人間の興味はそれに縛られるべきではない。ホイジンガの場合は、学問のための人間ではなく、人間のための学問のうらやむべき例である。

*

　自分がどうして英語、それも特にその歴史に興味を抱くようになったかを考えてみると、30年以上も昔に市河三喜著『英文法研究』に接し

たころからだと思う。当たり前のことではあるが、英語に歴史があり、それを知ることによっていろいろ面白いことがわかるということを教えられた。そういう興味から厨川文夫著『古代英語』なども買っては見たが、奇妙な言葉だと思って眺めていただけで、別にそれを勉強したわけではない。それよりもそのころの私は Wordsworth や Keats の詩を読むことのほうに夢中になっていた。だが、Keats の断片 *The Eve of St. Mark* に古詩の引用があるのを発見して、それに強く惹かれたのは、その詩の雰囲気ばかりでなく、そこに書かれた古い英語のためでもあったに違いない。とにかく私の英語への興味は、時間的にも空間的にも遠く離れたものに対する憧れのようなものから始まったと言ってもよいだろう。ロマン派の詩を読んでいた私の英語に対する興味もまたロマンチックなものだったろう。だから英詩と英語史を切り離すことはできなかった。

　大学入学を前にして、ある日新宿の古本屋で中島文雄先生の『英語学研究方法論』を見つけて買い、一気に読んだ。そこには「英語史研究は英語学の本体をなすもの」であるとか、「私は本格的な学問研究は実証的・経験的でなければならぬと主張したい」といった言葉が記されており、最後に本居宣長の『うひ山ふみ』からの一節〔「詮ずるところ学問は、ただ年月長く倦ずおこたらずして、はげみつとむるぞ肝要にして…」に始まる一節で、拙著『フィロロジーへの道』(研究社、1981)、pp.42-3 に引用してある〕が引用されていた。またある時には、テキストをこつこつと勉強することの意義を強調し、和辻哲郎著『ホメーロス批判』の序文に引かれた「Philosophie は非常に多くのことを約束しているが、自分は結局そこからあまり得るところはなかった。Philologie は何も約束していないが、今となって見れば自分は実に多くのものをそこから学ぶことができた」というケーベルの言葉を紹介した中島先生の文章（『英語学研究室』〔研究社、1956〕、p. 136）を読んだ。歴史的興味から英語学の門をくぐった私にとって、このような先生の言葉は教えとしてよりもむしろ励ましの言葉として受け取られた。

　しかし大学一年生のころの私は、テキストを読むといっても、Wordsworth の *The Prelude* や Milton の *Paradise Lost* の詩行をたどっている

ことのほうが多く、あまり英語学的な勉強はしていなかった。漠然と英語史に対する興味を抱いてはいたが、語学には私を文学から引き離すだけの魅力がまだなかったからだろう。迷うことなく文学に、あるいは語学に深入りしていく人びとがうらやましかった。当時の私にとって語学か文学かということよりも、できれば語学も文学も続けていきたかった。しかし、いずれかの選択を迫られる日は近づいてきた。その間に私はいろいろな本を読みながら、文体論というものが文学と語学の両方にまたがるのではないかと思った。しかしやがて、文体論の根底には文学的洞察がなければならず、それがない限り文学の言語学的研究は無意味であり、他方、言語学的に考えれば、結局意味論に徹しなければならないと思った。だが意味論は具体的人間性からは離れたものと思われた。大学二年生のある日、私は語学を捨てて文学を選ぼうと決意した。しかし数日後、冷静を取り戻した私は、それまでまだ英語学を体得しておらず、研究方法を求めていただけであったのだと反省し、方法は体験によって発見していくべきものだと思った。

　それ以後は、できるだけテキストを読みながら問題を見出そうと心がけた。古英語を読んでいるうちに語順に興味を持ち、例を集めて調べ、研究書を読んでまとめてみた。このようなことを繰り返している間に、語学の面白さがようやくわかりかけてきた。英語学という学問が自分の外にあって、そこに入門し、導かれるままに勉強したのではなく、語学か文学かに迷い、方法に迷い、その挙句、英語学でなく英語そのものに直接ぶつかって、初めて喜びを見出すことができたのである。

　卒論で Chaucer の助動詞を扱ったのは、いろいろ試みた末、特に法助動詞が人の心を表すと考えたからである。卒業後も卒論で扱った問題を継続して、法助動詞の発達をたどることになった。その限りではいかにもオーソドックスな歴史的研究であった。しかし世間の英語学は徐々に変貌しつつあった。それにもかかわらず私は自分の仕事から出てきた問題を追い続けてきた。shall, will の問題がジャンルや文体に関係があるとわかれば、Chaucer の作品の性格を考慮に入れ、現代の校訂本に不満を抱けば写本におけるヴァリアントを調べた。また英語史を記述するためには資料として文献に頼らざるを得ないが、さまざまな性格を持つ

文献に基づいていかにして一貫した歴史を描くことができるかと考えて、散文の連続性の問題を取り上げたこともある。近頃特に関心を持っているのは古英語の語彙である。これも助動詞 can の歴史から派生した問題であるが、最近盛んに研究されている分野である。次にその中から話題を取り上げよう。

　現代英語の助動詞 can は古英語では cunnan であって、'to know' を意味した。cunnan は名詞や代名詞を目的語としてとるのが普通であったが、不定詞を目的語とすることもあった。その場合は 'to know how to (do)' の意味を表した。古英語には 'to　know' を意味する動詞は、cunnan と並んで witan があった。witan はドイツ語の wissen に相当する。古英語に cunnan と witan があったことは、ドイツ語に kennen と wissen があることと似ていると思えばよい。節を目的語とするときには witan が用いられ、人を目的語とするときは cunnan が多いというようなことがあるが、両者の区別についてはここでは深入りしない。ここで問題にするのは、現代英語では witan は廃れ、cunnan は助動詞 can となって、「知る」の意味は know で表されるが、この動詞はいつから使われたかということである。know は直接には古英語の cnāwan にさかのぼるが、この形は古英語末期に現れ、以前は gecnāwan であった。ところが gecnāwan も後期古英語になるまではあまり使われなかった。oncnāwan という語もあった。後期古英語でのウェスト・サクソン方言で訳された四福音書では gecnāwan が 25 例、oncnāwan が 23 例でほぼ同数である（ついでながら witan は 181 例と多く、cunnan は 49 例である）。この福音書訳とほぼ同じころ、2 人の代表的散文作家がいた。晩年にエンシャム（またはエインシャム）修道院長になった Ælfric（950 年ごろ-1010 年ごろ）、とヨークの大司教とウスターの司教を務めた Wulfstan（？-1023）である。ところが、Ælfric は oncnāwan と、それより少なく tōcnāwan を用いて、gecnāwan を極めてまれにしか用いなかったのに対して、Wulfstan は逆に oncnāwan, tōcnāwan を用いず、gecnāwan のみを用いた。特に Ælfric の作品は後期古英語の代表として歴史的研究に必ず取り上げられるものであるから、今日に普通に用いら

れている know の源である gecnāwan の使用を避けていたということは軽視できない問題である。福音書訳が示すように、当時は gecnāwan も oncnāwan も使われていた。したがって Ælfric のように oncnāwan を用いて gecnāwan を用いないこと、逆に Wulfstan のように gecnāwan を用いて oncnāwan を用いないことは、自然言語の反映ではなく、意識的な語彙選択であったと考えられる。それではこのような語彙選択は個人的なものだったであろうか。

　Ælfric は若いころウィンチェスターの修道院学校で Æthelwold のもとに学んだ。10世紀にフランスのクリュニー修道院を中心として起こった修道院改革運動がイギリスにも及んだ。そして改訂された *Benedictine Rule* をラテン語から古英語に翻訳したのが Æthelwold であった。やがてウィンチェスターの学校を中心として、語彙使用の標準化が行なわれるようになったことが最近の研究によって明らかにされつつある。たとえば「教会」を表すのに cyrice ではなく gelaðung を、「祭壇」を表すのに alter, altare でなく wēofod を用いるというふうであって、そこで選ばれた語が現在まで続いているとは限らない。今日ではかえって cyrice から来た church や、alter, altare から来た altar のほうが使われている。しかしながらこの標準化運動は、11世紀にイングランド全土に普及した標準文学語への道を準備したのである。さて先の gecnāwan を用いず、oncnāwan, tōcnāwan を用いたということも、Ælfric 個人の語彙選択ではなく、上述のウィンチェスターの運動の一環と考えられるのである。これに対して Wulfstan はこの運動から離れていた。そして幾つかの語彙選択では、同時代の Ælfric よりもむしろ1世紀前の Alfred の時代の著者との共通点を持っている。さらに Alfred 時代のウェスト・サクソン方言はまだ十分に文学語を発達させておらず、マーシア文学方言（イングランド中部方言に基づく）の影響下にあった。このように古英語時代の言語史は決して単純な系譜を示してはいないのである。そしてその要因としては文学語の伝統があり、また宗教運動がある。後者は宗教のみならず言語（書き言葉）を含む一種の文化改革運動でもあった。

*

　私は最初に現代英語から一つの単語 vixen を取り上げ、それについて疑問を提出し、解決の手立てを考えてみた。その結果、解決は得られなかったにしても、この問題が、言語地理学、民族言語学、社会言語学、そして歴史一般にかかわっていることを知った。次に私がどのようにして現在のような考え方をするようになったかを振り返ってみた。最後に、最近関心を持っている古英語の語彙から「知る」という意味を表わす語を取り上げ、それが古英語文学語の基盤とかかわっていることを示した。取り上げた問題はいずれも細部(ディーテイル)から始まった。それらが英語学に属する事柄であることは誰の目にも明らかであろう。しかし、それから先は私の関心の赴くままに任せた。私としては、どこへ進もうと、少しでも問題の解決に向かえばよいと思った。いわゆる言語外の知識が言語現象を解明してくれることもあるが、逆に言語が外の世界を解明することもある。私は細部から始めた。そして私がとった道は philology の道であった。しかし、それぞれどの道をとってもよく、またどこに至っても構わない。占い棒で鉱脈を探り当てるのが目的だからである。意味のある事実が探り当てられなければ、また別の道を選ぶことである。考えてみれば、30年前に私が当然のこととして始めたことを、その後続けてきたのである。そのころ英語学は English philology と言われていた。しかしこのごろでは English linguistics と呼ばれる。訳語として適切であるかどうかは別として、仮に訳すとすれば、前者は英語文献学、後者は英語言語学であって、両者は方法と目的を異にするものであり、一方がなくなって他方になったというわけではない。しかし始めたときの英語学が English　philology で、それを続けていたところ、英語学が English linguistics に変わったというのであれば、自分はじっとしているにもかかわらず、気がついてみたら英語学の中心がどこかへ行ってしまったような気がする。

(1981年)

1

歴史の中の古英語とアングロ・サクソン・イングランド

はじめに

　アメリカ合衆国の独立宣言（1776）を起草し、第3代大統領を務めたトマス・ジェファソン（Thomas Jefferson, 1743-1826、在任 1801-09）はエリザベス・エルストブ（Elizabeth Elstob, 1683-1756）の『イングリッシュ・サクソン語文法の基礎』(*The Rudiments of Grammar for the English-Saxon Tongue*, 1715) で、1100年頃以前のアングロ・サクソン・イングランド（Anglo-Saxon England）の英語すなわち古英語（Old English, OE）を学んだ。

　ジェファソンはヴァージニア州に生まれ、ウィリアム・アンド・メアリー大学卒業後、法律の勉強をしている間に、古英語の必要を痛感するようになった。その時代は、賢人会議（witenagemot; OE witena 'of wise men' ＋gemōt 'meeting'）や民会（moot; OE gemōt から）が存在し、コモン・ロー（common law）もその時代に遡り、それ以後よりも民主的であった。封建制度が始まるのは、1066年のノルマン征服（Norman Conquest）、すなわちノルマンディー公ウィリアム（William）がヘースティングズ（Hastings）の戦いでアングロ・サクソン王ハロルド（Harold）を破って英国王になってからである。

　新しい民主的な国家の建設に当たって、アングロ・サクソン時代の法律を学ぶべきであり、そのために古英語の知識が必要だとジェファソンは考えた。彼は自らが設立して学長になったヴァージニア大学のカリキュラムに古英語を加えて、ドイツから教授を招いた。今から千年以上も

前の古い英語がアメリカ合衆国建国と係わりがあったということは、言語と政治との浅からぬ関係を物語っている。さらにジェファソンが使用した教科書が、当時の学問の言葉であったラテン語でなく英語で、しかも女性によって書かれた最初の古英語文典であったことも注目に値する。なぜ18世紀の初め頃にこのような文法書が出版されたかを理解するためには、初期近代英国の政治と宗教の状況を振り返ってみなければならない。ノルマン征服以後今日に至るまでの古英語とアングロ・サクソン・イングランドの評価・受容の変遷を、イギリスを中心に辿ってみたいと思う。

アングロ・サクソン人の渡来から標準古英語へ
　現在のイングランドに初めからアングロ・サクソン人が住んでいたわけではない。イングランドに残っている最も古い記録はケルト人のものである。ケルト人は5世紀頃までアルプス以北のヨーロッパの広い地域に住んでいた。当時ラテン語でブリタニア（Britannia, 英語ではBritain）と呼ばれたイギリスにも、アングロ・サクソン人の渡来以前にはケルト人がいた。ユリウス・カエサル（ジュリアス・シーザー、Julius Caesar）がガリア（Gallia）を征服した後、紀元前55年にイングランド侵入を試みたが失敗して、翌年ケルト人の激しい抵抗に遭いながらもようやく上陸を果たした。しかしローマ帝国がイングランドを征服したのは、紀元43年クラウディウス（Claudius）皇帝の時代である。その後ゲルマン民族がローマ帝国を攻撃したために、410年にローマ軍が撤退するまでのイングランドはローマン・ブリテン（Roman Britain）と呼ばれ、ラテン文化の大きな影響を受けて、多くの人々がラテン語を用いていた。
　449年頃、デンマークや北海沿岸の低地帯（Low Countries）から来たゲルマン民族のアングル人（Angles）、サクソン人（Saxons）、ジュート人（Jutes）がイングランドに侵入した。それ以後ノルマン征服までのイングランドをアングロ・サクソン・イングランドという。アングロ・サクソン人の言語が英語であり、記録の残っている700年頃から1100年頃までの英語を19世紀まではアングロ・サクソンと呼んだが、

今日では古英語という。

　597年に教皇グレゴリウス (Gregory) 1世がアウグスティヌス (St. Augustine of Canterbury) をケント (Kent) に送って以来、アングロ・サクソン・イングランドは早くからキリスト教化していた。従って当時の文献はラテン語で書かれた宗教的なものが多い。しかし韻文、民衆のための説教、法律などの他、ラテン語からの翻訳など古英語で書かれたものも少なくない。もちろん話し言葉は英語だった。8世紀の終わり頃からデーン人 (Danes) と呼ばれた北欧のヴァイキングが侵入して修道院の破壊などを行って、後にクヌート (またはカヌート) (Cnut or Canute) 以降1016年から1042年まで、3代にわたってイングランドを支配した。

　アングロ・サクソン・イングランドは統一国家ではなく、5世紀末から9世紀にかけてアングロ・サクソン7王国 (Anglo-Saxon Heptarchy) と呼ばれる7つの王国に分かれていた。それらの中で、7世紀から8世紀にかけては北部のノーサンブリア (Northumbria) の勢力が強く、8世紀後半に中部のマーシア (Mercia) がこれに代わり、9世紀後半のアルフレッド大王 (Alfred the Great, 在位871-99) の頃から南西部のウェセックス (Wessex) が中心になった。アルフレッド自身も加わって重要なラテン語文献の英訳を行ったり、他の方言で作られた作品がウェセックスの言語であるウェスト・サクソン (West Saxon) 方言に書き写されたりして、この方言の地位が高まった。さらに10世紀末から11世紀初期には、ベネディクト派修道院改革の一環として、ウィンチェスターにおける言語標準化の動きもあって、書き言葉としての標準古英語 (Standard Old English) が確立しようとしていた。ウィンチェスターの修道院学校で司教アゼルウォルド (Æthelwold) に学び、『カトリック説教集』(Catholic Homilies) やラテン文法などを著したアルフリッチ (Ælfric, c.950-c.1010) などが代表的な著作家である。

ノルマン征服と古英語
　1066年のノルマンディー公ウィリアムによるイングランド征服の結果、貴族と高位聖職者など支配階級の言葉は英語からノルマン・フラン

ス語（Norman French）に代わった。またイギリス人も、彼等と交渉を持つためには、フランス語を使わなければならなかった。学問や宗教の言葉は相変わらずラテン語であったから、以前は、ケルト語を除けば、主にラテン語と英語の2言語国家であったイングランドは、ノルマン征服以後はラテン語、フランス語、英語の3言語国家になった。しかもフランス語がラテン語に次ぐ地位を占めるようになったために、英語の地位は征服以前より低くなった。

　11世紀には書き言葉標準語としてイングランドの他の地域でも用いられるようになったウェスト・サクソン方言は、公の立場をフランス語に奪われた。しかし征服以後直ちに英語が書かれなくなったのではない。アルフレッドの時代に英語で書き始められた『アングロ・サクソン年代記』（*The Anglo-Saxon Chronicle*）の主な写本の1つである『パーカー年代記』（*The Parker Chronicle*）には1070年までの、もう1つの『ピーターバラ年代記』（*The Peterborough Chronicle*）には1154年までの記事がある。後者の終わりの方は言語の変化を反映しているが、それは英語が書き続けられていた証拠になる。それがどの程度であったかの確証はないが、広範囲のものではなかったであろう。さらに古英語で書かれた説教集などが12世紀にも書き写されているが、忠実に写されたのではなく、写字生の言葉に置き換えられている場合もある。このように当時の写本が好古趣味の対象ではなく実用的なものであった形跡があることは注目すべきである。

　しかしノルマン征服以後13世紀頃までの間に、英語で書かれたものは少なくなり、アングロ・サクソン時代が忘れられて行ったことは否定出来ない。その根底には、アングロ・サクソン人はゲルマン民族であるのに対して、ノルマン人は、本来は北ゲルマン起源であるとは言っても、征服当時はフランスに属していたという事実がある。言い換えれば、ノルマン征服を境として、イギリスが古代ゲルマン世界からラテン中世世界に移ったと言える。征服以前のイングランドをアングロ・サクソン・イングランドと呼ぶが、これはアングロ・サクソン人のイングランドを、1つの完結した時代として、後の時代と区別した呼び方である。

アングロ・サクソンという名称は現在も上述のような意味で用いられ、アメリカで WASP (*W*hite *A*nglo-*S*axon *P*rotestant) と言えば、白人でアングロ・サクソン系のプロテスタントを指す。ノルマン征服以来、アングロ・サクソンという名称には常に政治的・宗教的意味が籠められている。英語の連続性を明示するために古英語と呼ばれている言語も、かつてはアングロ・サクソンと呼ぶのが普通だった。その場合にも今述べたような含みが感じられる。

頭韻詩と脚韻詩
　ノルマン征服以前と以後の文学の最も大きな相違の1つは、前者では殆どすべてゲルマン詩本来の頭韻詩であったのに対して、後者ではラテン詩やフランス詩から導入された脚韻詩が主流になったことである。これは単に頭韻詩から脚韻詩への詩形の変化ではなく、ゲルマン世界からラテン世界への移行の一面と考えられる。
　1180年頃の写本に『ウスター断片』(*The Worcester Fragments*) と呼ばれるものがある。それはノルマン征服以後に標準的なウェスト・サクソン方言で作られて、写字生によって多少新しくされている。その中の1篇に英語が使われなくなったことを嘆いた頭韻詩がある。そこには『イギリス教会史』(*Historia Ecclesiastica Gentis Anglorum*, 731) の著者ビード (Bede, *c*.673-735)、先に挙げたアルフリッチ、フランク王国王シャルルマーニュに師として招かれたアルクイン (Alcuin, *c*.735-804) などアングロ・サクソン時代の著作家・学者の他に何人もの聖職者の名前が挙げられている。これはノルマン征服以後にもアングロ・サクソンの頭韻詩が読まれていたことを示している。
　その後13世紀前半には『ウスター断片』と同じくウェスト・ミッドランドのウスターシャーで書かれたラハモン（またはラヤモン）(Laʒamon or Layamon) の長編頭韻詩『ブルート』(*Brut*, *c*.1210) がある。これはジェフリー・オヴ・モンマス (Geoffrey of Monmouth, *c*.1100-54) の『ブリテン列王史』(*Historia Regum Britanniae*, *c*.1136) に基づくノルマン人ワース (Wace, *c*.1100-75) の『ブリュ物語』(*Roman de Brut*, *c*.1155) を種本にしている。『ブルート』は形式的にはゲルマ

ン的な伝統を受け継ぐ頭韻詩であるが、主題はアングロ・サクソンではなく、アーサー王伝説であり、ブリタニアはトロイの陥落後アエネーアス（Aeneas）の孫ブルートゥス（Brutus）が建設したとされている。これはノルマン征服以後のイギリスが、その由来を北辺のゲルマン民族でなく、古代ギリシアに求めて、由緒ある素性を示したかったからであろう。

　14世紀のいわゆる頭韻詩復興（Alliterative Revival）における主要な作品『サー・ガウェインと緑の騎士』（*Sir Gawain and the Green Knight*, *c*.1375）でも、トロイ没落後のブルートゥスによるブリタニア建国の由来が冒頭に置かれていて、物語の主人公はアーサー王の甥ガウェインである。

　伝統的な頭韻詩で最も注目すべき作品はウィリアム・ラングランド（William Langland, *c*.1332-1400）の『農夫ピアズ』（*Piers Plowman*, *c*.1362-98）であろう。ラングランドは伝統的な形式を用いて、教会の腐敗を批判し、社会改革を訴えている。この作品の読者は主に教区牧師などの下級聖職者や知識人であった。ラングランドの作品は、教会の改革を唱えて、一般民衆に理解させるために聖書を英訳したジョン・ウィックリフ（John Wyclif, *c*.1328-84）とその一派と通じる所がある。

　ラハモンの『ブルート』、『サー・ガウェインと緑の騎士』およびラングランドの『農夫ピアズ』はいずれもウェスト・ミッドランド方言で書かれている。これは古英語の標準的な方言が南西部のウェスト・サクソン方言であったことと無関係ではない。

　西部で用いられた頭韻詩が伝統的・ゲルマン的であるのに対して、ラテン・フランス的で革新的な脚韻詩は東部に多く見られる。フランス詩の影響を受けた抒情詩やロマンスの流れは、14世紀後半のジェフリー・チョーサー（Geoffrey Chaucer, *c*.1340-1400）の作品では、さらにイタリア文学の影響を加えて、一層国際性を増した。ロンドンに住んだ都会人で宮廷に仕えたチョーサーの耳には、頭韻詩は古めかしく響いたに違いない。また彼の読者は主に宮廷人、聖職者、知識人、商人などであって、そのような社会的立場から見て、チョーサーが教会や社会に対する批判を皮肉によってほのめかすことはあっても、ラングランドのよ

うに痛烈に攻撃することが少ないのは当然である。
　頭韻詩の伝統に見られるようなアングロ・サクソン時代の名残があったとしても、ノルマン征服以後のイギリスではフランス語の影響が強かった。14世紀に英語が十分に復権した頃には、征服以前の古英語は忘れられていた。そして中世の掉尾を飾ったのはアーサー王とその騎士達の物語を集大成したサー・トマス・マロリー（Sir Thomas Malory, c. 1400-71）の散文作品『アーサーの死』（Le Morte Darthur, 1469-70）だった。

修道院解散と古英語文献
　上述のように、中世末のイギリスでは古英語は死語になっていて、理解出来ないだけでなく、蔑視されていた。それを救ったのは16世紀半ばの宗教的・政治的事件であった。
　1534年、ヘンリー8世が国王至上法（Act of Supremacy）によりローマ・カトリック教会から訣別して、イギリス国教会（Church of England; Anglican Church）を設立した。その後1536年から1540年にかけて、修道院解散（The Dissolution of the Monasteries）によって修道院の土地・財産が没収された。その3年前1533年に、好古家ジョン・リーランド（John Leland, 1503?-52）は国王から修道院や大学の蔵書を調査するように命じられた。彼はイギリス諸島各地の写本を蒐集してアングロ・サクソン研究の先駆者となった。
　16世紀のアングロ・サクソン研究を促進した最も重要な人物の1人はマシュー・パーカー（Matthew Parker, 1504-75）である。彼はカンタベリーの大主教となり、新設のイギリス国教会のために献身的な努力をした。それと同時に多くの古英語の写本を蒐集して、その大部分をケンブリッジ大学のコーパス・クリスティ・コレッジ（Corpus Christi College）に寄贈した。それらは今でもパーカー・ライブラリーとして同コレッジに所蔵されている。先に挙げた『アングロ・サクソン年代記』の重要な写本『パーカー年代記』がこう呼ばれているのは、それがこのライブラリーに含まれているからである。
　パーカーが最初に印刷させた古英語のテクストは、1566年に彼が印

刷業者のジョン・デイ（John Day）に写本の姿を示すアングロ・サクソン活字を作らせて刊行した『古代の証言』（*A Testimonie of Antiquitie*）である。これにはアルフリッチの復活祭の説教や書簡の他に「主の祈り」、「使徒信経」、「十戒」の古英語と対訳などが含まれている。それによってパーカーは彼が建設しつつあったイギリス国教会の主張がノルマン征服以前のアルフリッチの考えと一致していることを証明しようとした。彼は1574年にはアッサー（Asser, *d*.908/9）の『アルフレッド大王伝』（*Ælfredi Regis Res Gestae*）を刊行した。

　この他16世紀に刊行された古英語の文献の中には、ウィリアム・ランバード（William Lambarde, 1536-1601）がアングロ・サクソン時代の法律を集めて訳を付けた『古代法』（*Archaionomia*, 1568）やジョン・フォックス（John Foxe, 1516-87）が出版した4福音書の古英語版と訳（1571）などがある。これらによっても分かるように、最初に刊行された古英語文献は説教や法律で、出版の意図は宗教的・政治的であって、文学的なものは一切なかった。

古英語研究の揺籃期

　16世紀における修道院解散とイギリス国教会の設立は、ノルマン征服以前のアングロ・サクソン・イングランドへの関心を高め、それまで顧みられなかった古英語文献の刊行を促進した。その動機は宗教的・政治的であって、根底にはナショナリズムがあり、アングロ・サクソン時代の理想化があったことは否定出来ない。しかし古英語文献を正しく理解するために言語研究が進められたのもこの時期である。

　1572年にパーカーの提案で好古家協会（The Society of Antiquaries）が設立された。好古家・歴史家のウィリアム・キャムデン（William Camden, 1551-1623）は、国内各地を旅行して、古い事物を蒐集した。彼の『ブリテン関係遺物』（*Remaines concerning Britaine*, 1605）には「主の祈り」の2種の古英語版とヘンリー2世、ヘンリー3世、リチャード2世時代の訳を挙げて、言語の歴史への関心を示している。これはイギリスで、異なる時期の言語を比較した最初の試みである。キャムデンは1622年にオックスフォード大学に古代史講座を開設した。

ケンブリッジ大学ではサー・ヘンリー・スペルマン (Sir Henry Spelman, c.1564-1641) が 1638 年に「サクソン語およびわが古代ブリテン教会史の講師およびリーダー」('lecturer and reader of the Saxon language and the history of our ancient British churches') という名前の講座を創設して、アラビア語の教授エイブラハム・フウィーロック (Abraham Wheelock, 1593-1653) が就任した。サー・ヘンリー・スペルマンの息子ジョン・スペルマン (John Spelman, 1594-1653) は古英語行間注解付きラテン語詩篇 (1640) を、フウィーロックはビードの『イギリス教会史』と『アングロ・サクソン年代記』(共に 1643) を刊行した。

ケンブリッジでフウィーロックの後任になったウィリアム・サムナー (William Somner, 1598-1669) は最初の古英語の辞書『サクソン語・ラテン語・英語辞書』(*Dictionarium Saxonico-Latine-Anglicum*, 1659) を著した。出版されたものとしてはこれが最も早いが、古英語辞書編纂の試みはこれが初めてではない。

『ベーオウルフ』(*Beowulf*) 写本の最古の所有者として知られる好古家ローレンス・ノーウェル (Laurence Nowell, c.1510/20-c.1571) は古英語について多くの仕事をしたが、その業績は生前のみならず 20 世紀半ばまで、1 つも刊行されなかった。その中に『サクソン語語彙』(*Vocabularium Saxonicum*) という辞書がある。これは約 6000 語を含んでいて、古英語辞書編纂への最初の大きな貢献であるが、1952 年にマークワート (A. H. Marckwardt) によって初めて刊行された。マシュー・パーカーの下で写本研究を行ったジョン・ジョスリン (John Jocelyn, 1529-1603) は 2 万語以上を含む 2 巻から成る古英語辞書を編纂したが刊行されず、現在も大英図書館に所蔵されている。

サムナーの辞書はオックスフォードで出版された。16 世紀後半から 18 世紀に至るまで、アングロ・サクソン研究の中心はオックスフォードで、その代表者はジョージ・ヒックス (George Hickes, 1642-1715) であった。彼がラテン語で書いた『アングロ・サクソン語およびモエソ・ゴート語文法原理』(*Institutiones Grammaticæ Anglo-Saxonicæ, & Mæso-Gothicæ*, 1689) には最初の古英語文典が含まれている。英語で書かれた最初の古英語文典は、冒頭で述べたように、アメリカ合衆国第 3

代大統領トマス・ジェファソンが教科書として用いたエリザベス・エルストブの『イングリッシュ・サクソン語文法の基礎』(1715) である。

18世紀の間、エルストブのものを含めて、すべての古英語文典はヒックスの文典に基づいていた。オックスフォード大学にアングロ・サクソン教授職が設けられて、1795年には初代教授が任命されたが、18世紀のアングロ・サクソン研究は概して不毛だった。イギリスにおける古英語研究が本格的になるのは、19世紀にドイツを中心とする比較言語学の成果が導入されてからである。

ロマン主義とアングロ・サクソン・イングランド

ヘンリー8世時代のイギリス国教会の成立 (1534) からエリザベス朝 (1558-1603) を経てピューリタン革命 (1642-49) でチャールズ1世が処刑され、オリヴァー・クロムウェル (Oliver Cromwell, 1599-1658) を中心とする共和制 (1649-60) が始まったが、それもチャールズ2世の王政復古 (Restoration, 1660) で終焉した。それと共にフランスの影響が著しくなり、イギリスの文学は17世紀末から18世紀後半にかけて古典主義の時代になった。

イギリス国教会の成立と修道院解散を契機として隆盛を見たアングロ・サクソン時代の文献蒐集と研究は、すでに述べたように、18世紀初期以後は衰退し始めた。その原因の1つは王政復古以後のフランスの影響とギリシア・ラテン文学を基準とする古典主義である。このような風土の中ではノルマン征服以前の時代が重んじられなかったのは当然である。

しかし18世紀後半になると、古典主義に対する反動としてロマン主義の運動が起こった。政治的には、1776年のアメリカ13州独立宣言に次いで1789年のフランス革命がある。イギリス文学では普通ワーズワス (William Wordsworth, 1770-1850) とコールリッジ (Samuel Taylor Coleridge, 1772-1834) の詩集『抒情歌謡集』(*Lyrical Ballads*) が出版された1798年からスコット (Sir Walter Scott, 1771-1832) が亡くなった1832年までを、ロマン主義復興 (Romantic Revival) の時代と呼ぶ。ロマン主義の特徴の中に中世趣味 (Medievalism) が数えられるが、そ

の萌芽はすでに18世紀半ば以来のゴシック趣味に見られる。

　17歳で自殺した詩人トマス・チャタトン（Thomas Chatterton, 1752-70）が、15世紀の詩人トマス・ローリー（Thomas Rowley）の作品と称して発表したが、死後チャタトン自身の作であることが証明された。その中に『アラ（またはイーラ）』（*Ælla*）という悲劇的な詩がある。これはブリストルの武将アラがデーン人の侵入軍を敗走させるが、妻バーサ（Birtha）が友人と出奔したと聞いて自刃するという物語である。チャタトンはこの他にも、『ゴッドウィン』（*Goddwynn*）という悲劇の断片や、「ヘースティングズの戦い」（*The Battle of Hastings*）の詩も書いている。これらは単に好古的な趣味だけでなく、18世紀半ば頃から復活した民族の起源への深い関心を彼も持っていたことを示している。

　チャタトンはワーズワス、コールリッジ、キーツ（John Keats, 1795-1821）などロマン派の詩人達に少なからぬ影響を与えた。中でもキーツは長編『エンディミオン』（*Endymion*, 1818）をチャタトンに捧げた。キーツの中世趣味は「つれなき美女」（*La Belle Dame sans Merci*, 1819）にも見られるが、「聖マルコ祭前夜」（*The Eve of St. Mark*, 1819）では乙女が読み耽っている写本からの引用が中世英語を模していることや、乙女の名前が、チャタトンの『アラ』の妻バーサ（Birtha）と同音異綴りのバーサ（Bertha）である所に、チャタトンとの類似が見られる。

　キーツは悲劇『オットー大帝』（*Otho the Great*, 1819）の後に、1819年の秋ノルマン朝最後の王スティーヴン（在位 1135-54）を主人公とした『スティーヴン王』（*King Stephen*, 1819）という悲劇を書いているが、未完成で2百行足らずの断片である。しかし『ピーターバラ年代記』の1137年の記事で有名な無政府状態の時代を取り上げたことは、前作と共に彼の演劇に対する野心と、中世の歴史への関心を示していて、『スティーヴン王』が未完に終わったことは惜しまれる。

　キーツが上記の諸作品を書いた1819年にスコットの歴史小説『アイヴァンホー』（*Ivanhoe*）が出版された。その第1章に、生きている時は、豚は swine, 牛は ox, 子牛は calf のようにアングロ・サクソン本来

の語で呼ぶが、食肉になると、pork, beef, veal（原文では veau）とフランス語になると書いてある。これはサクソン人が飼い、ノルマン人が食べるという階級の相違を表すとされている。このことはすでにジョン・ウォリス（John Wallis, 1616-1703）の『英文法』（*Grammatica Linguae Anglicanae*, 1653）に述べられているが、『アイヴァンホー』にも書かれていることによって、スコットの時代にもノルマン征服後の階級と人種の問題が意識されていたことが分かる。

　ワーズワスは産業革命による環境破壊を批判して、中世に対する関心を示したが、1822年に発表された『教会ソネット集』（*Ecclesiastical Sonnets*）では、イギリスにおけるキリスト教の歴史を辿って中世の教会を理想としている。このソネット集はアングロ・サクソン時代についても詳しく、ビードの『イギリス教会史』から取られたノーサンブリア王エドウィン（Edwin）の改宗の話もあり、敬虔な王アルフレッドを称えた1篇も含まれている。

ヴィクトリア朝のアングロ・サクソン研究

　ロマン主義の時代が終わってヴィクトリア朝（女王の治世は1837-1901）に移ろうとしていた1833年に、古英詩『ベーオウルフ』（*Beowulf*）のイギリスにおける初版が刊行された。編者はジョン・ミッチェル・ケンブル（John Mitchell Kemble, 1807-57）である。(1815年にアイスランド人ソルケリン（Grímur Jónsson Thorkelin, 1752-1829）がデンマークで出版したものが最初の刊本であるが、ケンブル版の方が学術的である。) ケンブルは当時のオックスフォード大学のアングロ・サクソン教授を旧式であるとして非難し、ドイツの新しい比較言語学を導入した。

　ドイツではヘルダー（Johann Gottfried von Herder, 1744-1803）がロマン主義、歴史主義の源流となって、大きな影響力を持った。法律学ではマールブルク大学のサヴィニー（Friedrich Karl von Savigny, 1779-1861）が歴史学派の創始者になったが、彼のもとに学んだ学生にヤーコプ・グリム（Jacob Grimm, 1785-1863）とヴィルヘルム・グリム（Wilhelm Grimm, 1786-1859）の兄弟がいた。彼等はドイツの言語・文学の

歴史に関心を持ち、民話の蒐集もしたが、兄ヤーコプは言語学においてグリムの法則を発見し、『ドイツ文法』(Deutsche Grammatik, 1819-37) を著した。このグリムの研究をイギリスに紹介したのがケンブルである。

グリムに先んじてグリムの法則を発見したデンマークの言語学者ラスムス・ラスク (Rasmus Rask, 1787-1832) は『アングロ・サクソン文法』(Angelsaksisk Sproglære, 1817) を著した。これは最初の学問的な古英語文法であって、1830年にベンジャミン・ソープ (Benjamin Thorpe, 1782-1870) がその英訳『アングロ・サクソン語文法』(A Grammar of the Anglo-Saxon Tongue) を出版した。

ケンブルとソープはグリムとラスクの研究を紹介して、イギリスに比較言語学を導入し、古英語研究に革新をもたらした。その後もイギリスにおける古英語研究はドイツの後を追う形になったが、当初から言語のみならず、テクスト編纂、文学、歴史、考古学などの領域にも及んでいて、本来の文献学的 (philological) 研究であった。例えばケンブルは『イングランドのサクソン人』(The Saxons in England, 1849) を著した。これはシャロン・ターナー (Sharon Turner, 1768-1847) の先駆的研究『アングロ・サクソン人の歴史』(The History of the Anglo-Saxons, 1799-1805) を継承するものである。

19世紀における歴史・比較言語学の発達によって、英語の研究も科学的になり、同時に国際的になってきた。しかしヴィクトリア朝のイギリスには、すでにロマン主義の時代に芽生えていた中世主義もあった。これは一方では19世紀全般の歴史主義の表れであるが、他方では、産業革命以降の社会に対する文明批判でもあった。その方面では、カーライル (Thomas Carlyle, 1795-1881)、ラスキン (John Ruskin, 1819-1900)、モリス (William Morris, 1834-96) などが挙げられる。

ヴィクトリア朝の批評の中で、中世との対比において現代を批判したものでまず思い浮かぶのは、カーライルの『過去と現在』(Past and Present, 1843) である。カーライルは12世紀におけるベリー・セント・エドマンズ (Bury St. Edmunds) の修道院長サムソン (Samson) の業績を叙述してその時代を称え、現代を批判している。他方モリスの

関心はアングロ・サクソン時代や北欧にも及び、擬古的で、独特な語彙を用いた『ベーオウルフ』の翻訳（A. J. Wyatt との共訳、1895）もある。

ドーセット方言詩人として知られているウィリアム・バーンズ（William Barnes, 1801-86）は牧師・教師・詩人としての仕事の他に、社会、経済、政治など多岐にわたる執筆活動をした。彼は言語に対する関心が深く、多くの言語に通じていたばかりでなく、本来の英語である古英語を尊重し、その入門書を書いたり、借用語を排除して本来の要素を用いて独特の造語をしたりした。彼の思想の根底には当時の社会に対する批判とアングロ・サクソン時代の理想化がある。

おわりに

19世紀後半から20世紀前半の間は歴史主義が続いて、アングロ・サクソン時代の言語と文学は大学のカリキュラムでも重要な地位を占めていたが、20世紀後半になって、歴史主義の衰退と構造主義の台頭と共にその地位も揺らぎ始めた。これは古典ギリシア・ラテン語の衰退とも関連しており、現代における歴史的関心の減退を示すものでもある。

一般的傾向としてアングロ・サクソン時代が軽視されていることは事実であるが、国際的研究活動は以前より盛んになっていることも否定出来ない。年刊の『アングロ・サクソン・イングランド』（*Anglo-Saxon England,* Cambridge University Press, 1972- ）、隔年開催の国際アングロ・サクソニスト学会（The International Society of Anglo-Saxonists, ISAS, 1983- ）、トロント大学刊行の『古英語辞典』（*Dictionary of Old English*, 1986- ）などはその例である。

(2003 年)

2

古英語とその名残

はじめに

　ノルマンディー公ウィリアムによる 1066 年のノルマン征服（Norman Conquest）以後、イギリスにおける支配階級の言葉はノルマン・フランス語（Norman French）になった。英語は話し言葉としては続いていたが、書き言葉としては廃れて行った。征服以前には、ウェセックス（Wessex）の言葉であるウェスト・サクソン（West Saxon）方言が古英語の標準的な書き言葉にまでになって、征服後も説教集などが書き写され、『アングロ・サクソン年代記』(*The Anglo-Saxon Chronicle*)は英語で書き続けられた。この年代記の諸写本の中で最も長い『ピーターバラ年代記』(*The Peterborough Chronicle*)はノルマン王朝の終わる 1154 年にまで及んでいる。

　『アングロ・サクソン年代記』には幾つかの詩が含まれているが、その中で古英詩全集 The Anglo-Saxon Poetic Records, 6 vols. (New York: Columbia University Press, 1931-53) に収録されているのは 6 篇だけで、『ピーターバラ年代記』の 1087 年の項にウィリアム征服王の死に際して書かれた詩を初め、韻律が不規則で、リズミカルな散文と区別し難い数篇は載っていない。[1] それより後 1104 年から 1109 年の間に作られたとされる「ダラム」(*Durham*) は最後の古英詩として全集に収められている。さらに 1180 年頃の『ウスター断片』(*The Worcester Fragments*)に古英詩を思わせる頭韻詩がある。これらは征服後における古英語の名残として興味深い。以下『ピーターバラ年代記』1087 年の記事全体と、

「ダラム」および『ウスター断片』中の1篇を取り上げる。『年代記』の散文の部分は日本語訳のみを挙げ、詩の部分と他の2篇の詩は、詩形を示すために、原文も挙げる。

『ピーターバラ年代記』1087年

　『アングロ・サクソン年代記』は年代の後に「この年に」(her 'here' = ' in this year') で始まる簡単な記事が多く、ここに挙げる『ピーターバラ年代記』1087年のような書き方は例外的である。この年の不幸な出来事について語る筆者の文体は、かつてヴァイキングの侵入について、堕落したイングランド人の罪に対する罰であると警告したウルフスタン（Wulfstan, d. 1023）の説教を彷彿とさせる。1087年の記事の筆者はウィリアムを見たことがあり、その宮廷に住んだことがあるので、叙述に迫力がある。征服王の行状を、良いことも悪いことも記して、読者が正しい道を歩んで天国に至ることを、古英語の伝統的な説教体で説いている。

　9世紀にウェセックス王アルフレッドは、ラテン語を理解する者が少なくなったことを憂いて、すべての人々が知る必要のあるラテン語の書物を自らも参加して翻訳し、『アングロ・サクソン年代記』の編纂を始めさせた。アルフレッドの政治的手腕とすぐれた文教政策がウェスト・サクソン方言が標準語へと発展する基礎を築いた。ノルマン征服以後1世紀近くも年代記が英語で書き続けられ、説教集が書き写されたことは、英語が書き言葉としても完全に衰退したのではないことを物語っている。

　『ピーターバラ年代記』1087年には不完全ながら韻文が挿入されている。注意すべきことは、散文が伝統的な説教の文体であるのに対して、韻文は古英詩特有の頭韻詩ではなく大陸伝来の新しい脚韻詩だということである。この詩の最初の語がフランス語から入った castelas 'castles' であることを象徴的に見ることも出来る。[2] ついでながら同一主題について散文と韻文で書くことを「2重文体」(Geminus Stilus 'twofold style')[3] と呼び、アングロ・サクソン・イングランドにおけるラテン語の聖人伝で行われたが、これもその一例と見ることも出来るであろう。

そして散文は伝統的、アングロ・サクソン的で、韻文はラテン的という対照が伝統と革新の共存または対立を窺わせる。

『ピーターバラ年代記』1087年の訳[4]

1086［1087］[5] 救い主イエス・キリストの生誕後1087年、神の許しによってウィリアムがイングランドを支配し統治して以来21年目に、この国は大変悲惨な大変疫病のはやる年になった。病が人々を襲って、殆ど2人に1人が最悪の病気つまり熱病に罹り、それは大変激しくて、多くの人々がその病で死んだ。その後、前に述べたような悪天候のために、イングランド中に大飢饉が起こり、その飢饉によって何百人もが惨めな死を遂げた。ああ、何と哀れで悲惨な時だったことか。惨めな人々は殆ど死に追いやられて横たわり、その後に激しい飢えが襲って、彼等を完全に殺した。このような時を憐れむことの出来ない人があろうか。或いはこのような不幸を嘆くことの出来ない程無情な人があろうか。しかしこのようなことは人々の罪のために、彼等が神と正義を愛そうとしないために起こるのだ。正しい行いをしていた修道士の間以外では、この国の人々の間に正義がなかった時代にも同様だった。王と首長達はひどくそしてあまりにひどく金と銀の欲に耽り、それが彼等の所に来さえすれば、如何に罪深く得られたかは気にしなかった。王は彼の土地を厳しい条件で出来るだけ高価に与えた。別の人が来て前の人より多額を申し出ると、王はそれ以上に申し出た人に与えた。第3の人が来てもっと多く申し出ると、王は一番多く申し出た人に与えて、代官が惨めな人々から罪深くそれを得たかも、また彼等がどんなに多くの不法なことをしたかも気にしなかった。正しい法について語られれば語られる程、大きな不正が行われた。彼等は不正な税を取り立て、その他言い難いほど多くの不正を行った。

また、同じ年の秋になる前に、ロンドンの司教座である聖パウロの聖堂その他多くの修道院、そしてその都市全体の最大で最も美しい部分が焼け落ちた。また同じ時にイングランド中の殆どすべての主な町も焼け落ちた。ああ、その年は非常に多くの不幸をもたらした惨めな嘆かわしい時であった。

また同じ年聖母マリア被昇天の祝日［8月15日］前に、ウィリアム王は軍隊と共にノルマンディーからフランスに行って、彼自身の主君であるフィリップ王を襲撃し、その家来を多数殺して、マントの町とその町内のすべての修道院を焼いた。そして隠修士の独房に住んで神に仕えていた2人の聖者がそこで焼き殺された。

　こういうことを行った後に、ウィリアム王はノルマンディーに戻った。彼は悲惨な事をしたが、もっと悲惨な事が彼に起こった。どんな風にもっと悲惨なのか。彼は病気になって、それが彼をひどく苦しめた。

　何と言ったら良いのだろうか。有力な人も卑しい人も容赦しない痛烈な死、それが彼を捉えた。彼は聖母マリアの誕生祭［9月9日］の翌日ノルマンディーで亡くなり、カーンの聖ステパノ教会に埋葬された。以前に彼はそれを建て、その後色々と寄進した。

　ああ、この世の繁栄は何と当てにならずはかないことか。以前は強力な王で多くの土地の領主だった人が、すべての土地のうち7フィートしか持たなくなった。そしてかつては金や宝石で飾られた人が、土に被われて横たわった。

　彼は3人の息子を後に残した。長男はロバートと呼ばれ、彼の後にノルマンディー公になり、次男はウィリアムと呼ばれ、彼の後にイングランドで王冠を戴き、3男はヘンリーと呼ばれ、父は彼に無数の宝物を遺贈した。

　彼はどのような人だったか、または彼はどんなに尊敬されていたか、または彼がどれだけ多くの土地の領主だったかをもし誰かが知りたいと思ったら、彼を見て、一時は彼の宮廷に住んでいた我々が知っているままに彼について書こう。我々が語っているウィリアム王は大変賢明で大変有力な人で、前任者の誰よりも立派で強かった。彼は神を愛した良い人々には優しく、彼の意志に反対した人々には非常に厳しかった。神が彼にイングランドの征服を許したその場所に有名な修道院［バトル修道院］を建て、そこに修道士を定住させ、それに十分に寄進した。彼の時代にカンタベリーに有名な聖堂が建てられ、またイングランド全体にその他非常に多く建てられた。またこの国は修道士に満たされ、彼等は聖ベネディクトゥス会則に従って生活を送った。彼の時代にキリスト教

は、各人が望めば自分の階級に適したものに従うというものだった。

　さらに彼には非常に威厳があった。彼はイングランドにいた間は毎年3回王冠を戴いた。復活祭にはウィンチェスターで、聖霊降臨祭［復活祭後の第7日曜日］にはウェストミンスターで、クリスマスにはグロスターで戴冠した。その時にはイングランド中のすべての有力者達、すなわち大司教、司教、大修道院長、エオル［貴族］、セイン［家臣］および騎士が彼と共にいた。また彼は非常に厳しく残酷な人だったので、誰も彼の意志に逆らって敢えて何かをしようとしなかった。彼の意志に反した行動をしたエオルルを囚われの身とした。彼は司教達を彼等の司教職から、大修道院長達を彼等の院長職から追放し、従士達を投獄した。そして最後にはオドと呼ばれる自分自身の兄弟も容赦しなかった。彼はノルマンディーの大変有力な司教で—彼の司教区はバイユーにあった—そして王に次ぐ第1の人物だった。そして彼はイングランドに伯爵領を持ち、王がノルマンディーにいた時には、彼がこの国の支配者だった。王は彼を投獄した。中でも忘れてはならないのは、彼がこの国に良い秩序を保ったために、重要人物が懐に金を一杯持っていても無事に国内を行くことが出来たことである。そして人にひどく悪いことをされても、誰も人を殺そうとしなかった。そしてある男が女の意志に反して彼女と交わったら、すぐに彼は楽しみのために使った器官を失った。

　彼はイングランドを支配した。そして彼の狡智でそれを調査したので、イングランド内で誰が持っているか、どれだけ価値があるかを彼が知らない土地は1ハイドもなかった。そして後に彼はそれを文書に記録した。ウェールズは彼の支配下にあって、彼はその中に城を建てて、その人々を完全に支配した。同様に彼は大きな力でスコットランドを征服した。ノルマンディーの土地は生来彼のものだった。そして彼はメーヌと呼ばれる伯爵領を支配した。もし彼がもう2年生きることが出来たら、彼は狡智で武器を使わずにアイルランドを獲得しただろう。確かに彼の時代に人々は大変な苦難と非常に多くの被害を受けた。

彼は城を建てさせ、　　　　　　　　Castles he let wyrcean,
貧しい人々を大変苦しめた。　　　　& earme men swiðe swencean.

王は非常に苛酷で、	Se cyng wæs swa swiðe stearc,
何マルクもの金と	& benam of his underþeoddan manig-marc
何百ポンドもの銀を臣下から奪った。	goldes & ma hundred punda seolfres.
それらを彼は目方で、	Ðet he nam be wihte
極めて不正に	& mid mycelan unrihte
国民から、	of his landleode,
必要もないのに取った。	for litte[1]re neode.
彼は貪婪に陥り、	He wæs on gitsunge befeallan,
貪欲を何よりも好んだ。	& grædinæsse he lufode mid ealle.
彼は大きな禁猟地を設けて、	He sætte mycel deorfrið,
それに関して法を定めた、	& he lægde laga þærwið
雄鹿や雌鹿を殺した者は誰でも	þet swa hwa swa sloge heort oððe hinde,
盲目にすべしと。	þet hine man sceolde blendian.
彼は雄鹿（の猟）を禁じ、	He forbead þa heortas,
猪も同様だった。	swylce eac þa baras.
彼は成熟した雄鹿を大変愛した、	Swa swiðe he lufode þa headeor
自分が彼等の父親であるかのように。	swilce he wære heora fæder.
また兎についても	Eac he sætte be þam haran
自由に動けるように定めた。	þet hi mosten freo faran.
有力な人々は不平を言い、	His rice men hit mændon,
貧しい人々は嘆いた。	& þa earme men hit beceorodan;
しかし彼は容赦なく	ac he [wæs] swa stið
彼等すべてに嫌われても構わなかった。	þet he ne rohte heora eallra nið.
しかし彼等は完全に	Ac hi moston mid ealle
王の意志に従わねばならなかった、	þes cynges wille folgian,
もし彼等が生きていたければ、	gif hi woldon libban,
または土地を持ちたければ、	oððe land habban,
土地や財産を、	land oððe eahta,
または王の寵愛を得たければ。	oððe wel his sehta.
ああ悲しい、人が	Walawa, þet ænig man
それほど高慢になり、	sceolde modigan swa,
自分自身を持ち上げて	hine sylf upp ahebban

誰よりも偉いと思うとは。
全能の神が彼の魂に慈悲をお示しになりますように。

& ofer ealle men tellan.
Se ælmihtiga God cyþæ his saule mildheortnisse.

　我々は彼についてこれらの良い事も悪い事も書いたが、それは良い人々が良いことを真似て悪い事を完全に避け、そして我々を天国に導く道を進むためである。
　我々は同じ年に起こった多くの事について書くことが出来る。デンマークでは以前に最も忠実な国民とみなされていたデンマーク人がかつて起こり得た最大の不実そして最大の裏切りに転向した。彼等はクヌートを王に選んで服従し、彼に誓いを立て、その後に卑劣にも教会内で彼を殺した。またスペインでは異教徒がキリスト教徒を攻撃して、多くを支配下に置いた。しかしキリスト教の王—アルフォンソと呼ばれた—彼はすべての国のいたる所に助けを求めた。すべてのキリスト教国から彼の所に助けが来て、進撃し、すべての異教徒を殺戮し、追放して、神の助けによって彼等の国を征服した。
　またこの同じ年にこの同じ国［イングランド］で、多くの有力な人々が亡くなった。チチェスターの司教スティガンド、聖アウグスティヌスの大修道院長、バースの大修道院長、パーショアの大修道院長、そして我々が前に語ったように、彼等すべての主君イングランド王ウィリアムである。彼の死後、彼の息子—父と同じくウィリアムと呼ばれた—が王座に着き、ミカエル祭［9月26日］の3日前にウェストミンスターで大司教ランフランクによって聖別されて王になった。そしてイングランドのすべての人々は彼に服従し宣誓した。これが行われると、王はウィンチェスターに行って、彼の父が前に集めた宝庫と宝物を点検した。金、銀、器、高価な衣服、宝石、そして数え上げるのも難しいその他多くの貴重な物が如何に多く集められていたかは誰も言うことが出来なかった。王はそれから彼の父が亡くなる前に彼に命じたようにした。すなわち彼の父の魂のために、それらの宝物をイングランド内のすべての修道院に分配した—ある修道院には金10マルク、他のものには6マルク、そして田舎の教会にはそれぞれ60ペンス、そして彼の魂のために貧し

い人々に分配するように各州に百ポンドを送った。彼は亡くなる前に、彼の支配下で囚われていたすべての人々を釈放するように命じた。そして王はクリスマスにはロンドンにいた。

「ダラム」

　上で取り上げた 1087 年のウィリアムについての詩より 20 年程後のものであるが、古英語最後の規則的な頭韻詩として古英詩全集に収められいる「ダラム」(*Durham*) は、ギリシア以来の伝統的な「都市礼賛」(encomium urbis) の 1 例である。[6] この種の詩では、主題となる都市の壮大さ、その立地条件の素晴らしさ、その地にゆかりのある聖人達が歌われている。今もダラムの町はウィア川に囲まれた岩の半島にあり、その上に大聖堂と城が聳え立っている。大聖堂には聖カスバート (St. Cuthbert, *c*. 635-87) その他の聖人が祀られている。カスバートはノーサンブリアに生まれ、リンディスファーンの司教になった。875 年にデーン人がリンディスファーンを襲撃した時、修道士達はカスバートの遺骸と共に逃亡した。遺骸はようやく 995 年にダラムに安置され、1104 年に新しいノルマン様式の大聖堂に移された。「ダラム」の詩はこのことを祝って、遅くとも 1109 年までに作られたとされている。

「ダラム」

　　　この町はブリテン中で名高く、
　　　高くしっかりと建てられ、周りを岩に囲まれて、
　　　素晴らしく出来ている。ウィア川が取り巻いて、
　　　激しく流れ、川の中には
　　5　様々な魚が泡立つ流れに住んでいる。
　　　そこでは大きな森が砦となっている。
　　　その住処に多くの野獣が住み、
　　　深い谷には無数の獣が住んでいる。
　　　その町にはまた、人々に知られた
　　10　敬虔で神聖なカスバートが眠り、

そしてイングランドの保護者
清純な王オズワルドの首があり、司教エイダン、
共に高貴な司教エアドベルヒトとエアドフリスが眠る。
そこには彼等と共に司教アゼルウォルド、
15 名高い著述家ビード、そして大修道院長ボイシルも眠る。
彼は若き日の清純なカスバートを喜んで教え、
カスバートもその教えをよく学んだ。
この大聖堂には、これらの聖者と共に
無数の聖遺物があって、
20 そこでは、書き物の語る所では、奇跡によって多くのことが起こり、
神の人と共に裁きを待つ。

Durham[7]

    Is ðeos burch breome   geond Breotenrice,
steppa gestaðolad,   stanas ymbutan
wundrum gewæxen,   Weor ymbeornad,
ea yðum stronge,   and ðer inne wunað
5 feola fisca kyn   on floda gemonge.
And ðær gewexen is   wudafæstern micel;
wuniad in ðem wycum   wilda deor monige,
in deope dalum   deora ungerim.
Is in ðere byri eac   bearnum gecyðed
10 ðe arfesta   eadig Cudberch
and ðes clene   cyninges heafud,
Osuualdes, Engle leo,   and Aidan biscop,
Eadberch and Eadfrið,   æðele geferes,
Is ðer inne midd heom   Æðelwold biscop
15 and breoma bocera Beda,   and Boisil abbot,
ðe clene Cudberte   on gecheðe

lerde lustum,　　and he his lara wel genom.
　　　Eardiæð æt ðem eadige　　in in ðem minstre
　　　unarimeda　　reliquia,
　　20 ðær monia wundrum gewurðað,　　ðes ðe writ seggeð,
　　　midd ðene drihnes wer　　domes bideð.

「ダラム」への注

3. **ウィア川**（the Wear）イングランド北部ダラム州を東に流れて北海に注ぐ川。大聖堂とダラム城の建つ台地を半島のように囲んでいる。
10. **カスバート**（Cuthbert, *c*. 635-87）ノーサンブリアに生まれ、メルローズの小修道院長ボイシルに学び、彼の死後その後を継いだ。670年代にリンディスファーンに移り、やがてその司祭となった。死後埋葬されたが、11年経っても遺骸は腐敗せず、改めて木製の櫃に納めて埋葬された。リンディスファーンがヴァイキングの攻撃に曝されて、遺骸は再度所を変え、ようやく995年にダラムに安置され、1104年に新しいノルマン様式の大聖堂に移された。
12. **オズワルド**（Oswald, d. 642）ノーサンブリア王。勢力を増強して大王（Bretwalda 'ruler of Britain'）と認められた。642年に異教徒マーシア王ペンダに殺された。
　エイダン（Aidan, d. 651）アイルランド生まれで、アイオーナの修道士だったが、ノーサンブリア王オズワルドに招かれて、リンディスファーン司教（*c*. 634-51）になった。
13. **エアドベルヒト**（Eadberht）リンディスファーン司教（688-98）。
　エアドフリス（Eadfrith）リンディスファーン司教（698-721）。リンディスファーン福音書の本文を書き装飾をしたとされている。
14. **アゼルウォルド**（Æthelwold or Æthilwald）リンディスファーン司教（*c*. 731-37 or 40）。リンディスファーン福音書の装丁をしたと言われる。
15. **ビード**（ベーダ）（Bede, *c*. 673-735）神学者・歴史家。ノーサンブリアに生まれ、少年時代からジャロー（Jarrow）の修道士として過ごし、『イギリス教会史』（*Historia Ecclesiastica Gentis Anglorum*）など多数の著作を残した。

『ウスター断片』

　次に挙げるのは、かつて英語で聖書を教えたビード以下数々の師に思いを馳せながら、英語も捨てられ、英語で教えた師も見捨てられたことを嘆く詩である。ノルマン征服以後110年余りの年月を経た1180年頃に古英詩に擬した作品が残されたことは意義深い。

「ウスター断片 1」

聖ビードは私達と共にここブリテンに生まれた。
彼は書物を思慮深く訳し
イギリス人はそれによって教えられた。
そして彼は「問題」と呼ばれる難点を、
5 尊い神秘な謎を解明した。
私達がアルクインと呼んでいる大修道院長アルフリッチ、
彼は著述家で、5書すなわち
『創世記』、『出エジプト記』、『申命記』、『民数記』、『レビ記』を訳した。
わが国の人々はこれらの教えを英語で与えられた。
10 キリスト教を説いたのは次の人達だった。
リポンのウィルフリッド、ベヴァリーのジョン、ダラムのカスバート、
ウスターのオズワルド、イーヴシャムのエッジウィネ、マームズベリーの
アルドヘルム、スウィジン、アゼルウォルド、エイダン、ウィンチェスターのビリヌス、
ロチェスターのパウリヌス、カンタベリーの聖ダンスタンと聖アルフィージ。
15 彼等はわが国の人々を英語で教えた。
彼等の光は暗くなく、明るく輝いた。
今ではその教えは捨てられ、その人々は見捨てられた。
今は別の人々が私達を教えて、
私達の教師の多くは私達と共に滅びて行く。
20 ところで主はこう言われる。「鷲が巣を揺り動かし、
雛の上を飛びかけるように」
これは私達が神に対して正しい信仰を確立するようにと
この世に送られた神の言葉である。

A Worcester Fragment[8]

[S]anctus Beda was iboren her on Breotene mid us,
And he wisliche [bec] awende
Þet þeo Englisc leoden þurh weren ilerde.
And he þeo c[not]ten unwreih, þe questiuns hoteþ,
5 Þa derne diʒelnesse þe de[or]wurþe is.
Ælfric abbod, þe we Alquin hoteþ,
He was bocare, and þe [fif] bec wende,
Genesis, Exodus, Vtronomius, Numerus, Leuiticus,
Þu[rh] þeos weren ilærde ure leoden on Englisc.
10 Þet weren þeos biscop[es þe] bodeden Cristendom,
Wilfrid of Ripum, Iohan of Beoferlai, Cuþb[ert] of Dunholme,
Oswald of Wireceastre, Egwin of Heoueshame, Æld[elm] of
Malmesburi, Swiþþun, Æþelwold, Aidan, Biern of Wincæstre,
[Pau]lin of Rofecæstre, S. Dunston, and S. Ælfeih of Cantoreburi.
15   þeod læ[rden] ure leodan on Englisc,
Næs deorc heore liht, ac, hit fæire glod.
[Nu is] þeo leore forleten, and þet folc is forloren.
Nu beoþ oþer leoden þeo læ [reþ] ure folc,
And feole of þen lorþeines losiæþ and þet folc forþ mid.
20   Nu sæiþ [ure] Drihten þus, *Sicut aquila prouocat pullos suos ad uolandum, et super eo[s uolitat.]*
This beoþ Godes word to worlde asende,
Þet we sceolen fæier feþ [festen to Him.]

『ウスター断片』への注
1. ビード「ダラム」15 行の注参照。
6. **アルクイン、アルフリッチ**。古英語最大の著作家アルフリッチ (Ælfric, c. 955-1020) がシャルルマーニュの教育改革に協力したアルクイン (Alquin, 735-804) のラテン語の著作を英訳したので、混同したのであろう。

古英語とその名残　41

11. リポンのウィルフリッド（Wilfrid of Ripum）664から没年709までノーサンブリア数カ所の司教座についた。
    ベヴァリーのジョン（John of Beverley,）ヨーク大司教（705-21）。
    ダラムのカスバート「ダラム」10行の注参照。
12. ウスターのオズワルド（Oswald of Worcester）ウスターの司教（961-92）、ヨークの大司教（972-92）。
    イーヴシャムのエッジウィネ（Ecgwine of Evesham）フウィッチェ（Hwicce）の司教（693-717）。
    マームズベリーのアルドヘルム（Aldhelm of Malmesbery）マームズベリーの大修道院長、シャーボーン（Sherborne）の司教（705-9）。
13. スウィジン（Swithin）ウィンチェスターの司教（852-62）。
    アゼルウォルド（Athelwold）ウィンチェスターの司教（963-84）、修道院復興の指導者の1人。
    エイダン（Aidan）「ダラム」12行の注参照。
    ビリヌス（Birinus）ドーチェスターの司教（634-50）。
14. パウリヌス（Paulinus）ヨークの大司教（625-33）、ロチェスターの司教（633-44）。
    ダンスタン（Dunstan）カンタベリーの大司教（960-88）。
    アルフィージ（Alphege）カンタベリーの大司教（1005）。殉教（1012）。
20-21. 「鷲が巣を揺り動かし…」旧約聖書「申命記」32章11節。

本文への注

1. E.V.K. Dobbie, ed., *The Anglo-Saxon Minor Poems*. The Anglo-Saxon Poetic Records, VI (New York: Columbia University Press, 1942), pp. xxxii-xxxiii 参照。
2. Seth Lerer, 'Old English and Its Afterlife', in David Wallace, ed., *The Cambridge History of Medieval English Literature* (Cambridge University Press, 1999), p. 16 参照。
3. Gernot Wieland, '*Geminus Stillus*: Studies in Anglo-Latin Hagiography', in M.W. Herren, ed., *Insular Latin Studies: Papers on Latin Texts and Manuscripts of the British Isles: 550-1066*. Papers in Mediaeval Stidies 1. (Toronto: Pontifical Institute of Mediaeval Studies), pp. 113-33.
4. 『ピーターバラ年代記』のテクストはCecily Clark, ed., *The Peterborough Chronicle 1070-1154*. Second Edition (Oxford: Clarendon Press, 1970) による。以下簡単な注は角括弧内に記す。
5. 写本では1085の見出しが2度繰り返されているために1087とあるべき所が1086となっている。
6. Margaret Schlauch, 'An Old English *Encomium Urbis*', *Journal of English and Germanic Philology* 40 (1941), 14-28 参照。
7. *Durham* のテクストはE. V. K. Dobbie, ed., *The Anglo-Saxon Minor Poems*., p. 27 による。
8. *A Worcester Fragment* のテクストはBruce Dickins & R. M. Wilson, eds., *Early Middle English Texts* (Cambridge: Bowes & Bowes, 1951), p. 2 による。

(2008年)

3

標準古英語の歴史的考察

1. はじめに

　今からちょうど 30 年前の 1974 年に、この関西外国語大学で開催された日本英文学会第 46 回大会で、私は「古英語の Verbs of Knowing」という研究発表を行った。当時、本学の教授をしていらっしゃった神津東雄先生が司会をしてくださった。私は 1969 年に出版した『英語法助動詞の発達』〔研究社〕を学位請求論文として東京大学に提出したが、論文審査の面接の際に、審査員の 1 人から、英語の助動詞 can が本来「知る」という意味を表していたのなら know はいつごろから使われたのかと聞かれて、それについてはこれから研究すると答えた。その 2 年後、英文学会の大会準備委員に研究発表を勧められて、その機会に古英語の「知る」という意味を表す動詞を調べてみようと思った。その中間報告が上に挙げた研究発表である。今回の話はその発表を切っ掛けとしているので、それに遡って始めたい。

2. 古英語の Verbs of Knowing

　現代英語の know に相当する古英語の動詞は cnāwan であるが、接頭辞のつかない形の現れるのは 11 世紀末になってからで、それまでは接頭辞のついた gecnāwan や oncnāwan が用いられていた。「知る」という意味を表す主な動詞は、ドイツ語の können と wissen に相当する cunnan と witan だった。30 年前の研究発表では、古英詩の 4 つの写本と Gregory の *Cura Pastoralis* (Pastoral Care) の Alfred による初期

West Saxon 訳と 4 福音書の後期 West Saxon 訳における cunnan と witan を扱った。これらはいずれも普通の動詞として用いられるが、cunnan が人や言葉など学習されるのもを目的語とするのに対して、witan は抽象的な概念を目的語とすることが多い。それよりも大きな相違は cunnan が不定詞をとるのに対して、witan は節 (clause) を支配することである。

その研究発表で cunnan と witan だけを扱ったが、その後「知る、理解する」という意味の語を広く見ていく間に、古英語では、中英語の間に廃れた ongietan という動詞がよく使われていることに気付いた。さらにこの語の使われ方が方言や時代によって異なることも明らかになってきた。大雑把に言えば、ongietan は Anglian (主に Mercian) には多いが、West Saxon では初期には多く、後期には少ないことである。例えば *Pastoral Care* には ongietan が 216 回も使われている。これに対して 1 世紀後の Ælfric の作品には ongietan は非常に少ない。このように初期 West Saxon が Anglian と似ていて、後期 West Saxon と異なるのは何故かと思った。その後 Schabram (1965) や Seebold (1974) を知った。Schabram の著書は 7 つの大罪の 1 つ superbia (pride) に対する古英語を徹底的に調べたもので、その後の研究のモデルとなった。Seebold の論文も同様で、ラテン語の sapiens (wise) と prudens (prudent) に対応する古英語の語彙を扱っていて、いずれも語彙の方言的・時代的相違を明らかにした。もう 1 つ、その後の研究に大きな影響を与えたのは Gneuss (1972) である。これらを知ってから、語彙の方言的・時代的相違や標準古英語の問題に関心を持つようになった。

3. Sweet 以前

1066 年のノルマン征服以後廃れていった古英語に対する関心が持たれるようになったのは、1534 年にヘンリー 8 世がローマ・カトリック教会と訣別して、イギリス国教会を設立したころからである。国王付き好古家 John Leland (1503?-52) がイギリス諸島の各地で古英語の写本を蒐集し、カンタベリー大司教 Matthew Parker (1504-75) は写本を蒐集すると共にテクストを印刷させた。最初に刊行されたのは *A Tes-*

timonie of Antiquitie(『古代の証言』、1566) である。これには Ælfric の復活祭の説教や書簡のほかに「主の祈り」、「使徒信経」、「十戒」の古英語と対訳などが含まれていた。それによって Parker は、彼が建設しつつあったイギリス国教会の主張が、ノルマン征服以前の Ælfric の考えと一致していることを証明しようとした。

　古英語の研究が盛んになるのは 17 世紀になってからで、1638 年にケンブリッジ大学に 'lecturer and reader of tha Saxon language and the history of our ancient British churches' という講座が創設された。1659 年には William Somner (1598-1669) が最初の古英語辞書 *Dictionarium Saxonico-Latino-Anglicum*(『サクソン語・ラテン語・英語辞書』) を著し、1689 年には最初の古英語文典を含む Gerorge Hickes (1642-1715) の *Institutiones Grammaticæ, Anglo-Saxonicæ, & Mæso-Gothicæ*(『アングロ・サクソン語およびモエソ・ゴート語文法原理』) が刊行された。

　古英語研究の動機および刊行されたテクストも聖書や Ælfric の説教が中心で、その言語は主として後期 West Saxon であった。この傾向は 19 世紀半ば過ぎまで変わらなかった。

4. Sweet と Wrenn

　1871 年に Henry Sweet が Early English Text Society から *King Alfred's West-Saxon Version of Gregory's Pastoral Care* を刊行した。彼は、それまでとは違って、Alfred の時代の初期 West Saxon を純粋な West Saxon と考えて、*Pastoral Care* の刊本について、

> ... the present edition is the first one of any of Alfred's works which is based on contemporary MSS .... all editors ... persisted in ignoring the genuine West-Saxon MSS .... (p. v)

と述べ、*Pastoral Care, Orosius, Parker Chronicle* の 3 写本を、標準的な初期 West Saxon で書かれたものとして、古英語入門書 *An Anglo-Saxon Primer* (1882) においても、綴り字を初期 West Saxon の形に統一した。Sweet に対して Wrenn は、"Standard 'Old English'" (1933, repr. 1967:72) で、

> ... there was a common and universally used West-Saxon *Schriftsprache* in the late tenth and early eleventh centuries, ... But there is no evidence for anything like a widespread West-Saxon literary dialect in Alfred's time; ...

と言って、Alfred の言語は標準化されておらず、Ælfric に代表される後期 West Saxon を標準古英語の基礎であると考えた。Quirk and Wrenn (1955) も Ælfric の literary language に基づいていて、

> ... this book will, as far as is practicable and desirable, take the literary language of Ælfric (himself a grammarian) as its foundation, ... (pp. 5-6)

と述べられている。

Sweet の *Anglo-Saxon Primer* を改訂した Davis は、

> I have followed Sweet's practice of normalizing on a conventional Early West Saxon basis, unhistorical as it is, for it remains the best foundation for further study. (*Sweet's Anglo-Saxon Primer*, 1953, p.vi)

と言って、'unhistorical' と断りながら、Sweet の標準化を踏襲している。

最近広く使われている Mitchell and Robinson (5th ed., 1992:11) も以下のように Sweet & Davis と Quirk & Wrenn の相違を説明した上で、前者に従っている。

> Professor Davis, in revising *Sweet's Anglo-Saxon Primer*, followed Sweet and used eWS as his basis. Quirk and Wrenn's *Old English Grammar*, however, normalizes on the basis of Ælfric's lWS. For the

beginner, the most important difference is that eWS *ie* and *íe* appear in lWS texts as *y* and *ȳ*; ... Another is that *ea* and *ēa* may be spelt *e* and *ē* in lWS (and sometimes in eWS) texts, ... Since the other differences will scarcely trouble you and since there are some disadvantages in the use of lWS, the paradigms are given here in their eWS forms. ...

歴史上の標準語と入門書における標準化とは別問題であるが、Wrennの批判にもかかわらず、現在に至るまで Sweet の説に基づく標準化が踏襲されていることは注目すべきである。

　Sweet が Alfred を重視したのは、彼が Alfred の言葉を純粋な West Saxon と考えたからだけであろうか。1999 年の 9 月にイングランドのサウサンプトン大学で Alfred 王没後 1100 年記念のコンファランスが開催された。昨年その際のペーパーを基にした Reuter, ed.（2003）が出版された。その最終章で Yorke は、1901 年 9 月にウィンチェスターで開催された没後 1000 年記念における Alfred 大王像の除幕に触れて、Alfred 崇拝は 19 世紀に頂点に達したと述べている。1901 年は Victoria 女王の亡くなった年である。Sweet の Alfred 重視の背景に大英帝国を発展させたヴィクトリア朝のナショナリズムを読み取っても間違いではないであろう。

5.　初期 **West Saxon** と **Anglian**

　先に ongietan が Anglian と初期 West Saxon に多く、後期 West Saxon に少ないと述べたが、Wrenn が指摘するように、Alfred の初期 West Saxon に一貫性がないことの原因を考える場合に、Wessex と隣国の Mercia との関係を見る必要がある。

　Alfred による *Pastoral Care* の古英語訳についての最近の詳細な研究である Schreiber（2003:109）で、non-West Saxon forms について次のように述べられている。

　　The majority of the non-West Saxon forms in the manuscripts of the *Pastoral Care* are typical of the Anglian dialects. Given the vicinity of the Mercian dialect area, the known political situation at the end of the ninth century, and the only very sporadic occurrence of features which are described as specifically Northumbrian in the grammars, these may reasonably be attributed to Mercian influence.

　初期 West Saxon における Anglia 方言語彙について Schabram（1965: 41) は、Alfred の妻が Mercia 出身であり、7 人の協力者のうち 4 人が Mercia から来ているので、Alfred は Anglian の語彙の特徴を知っていただろうと言う。Wenisch（1979:114) は、*Pastoral Care* における Anglia 方言語彙について、9 世紀までは古英語に共通だった語が、その後 Anglian には残ったが、West Saxon では失われた可能性を示唆している。

　Vleeskruyer（1953:39-62) は 'Mercian literary language' の存在を主張したが、Celia Sisam (1955) や Bately (1988:93-138 の 98-112) は、その証拠がないと言って否定した。このような言語の状況は 9 世紀後半から 10 世紀前半の政治的な事情を反映しているに違いない。そこで次に当時の Mercia と Wessex の関係を簡単に見ておきたい。

6.　Mercia と Wessex

　Wessex の隣国であった Mercia は Æthelbald (在位 716-57) と Offa (在位 757-96) の治世に Humber 川以南を支配したが、Wessex には及ばなかった。789 年に Wessx 王 Beorhtric（在位 786-802）が Offa の娘 Eadburh と結婚して、両国の結びつきが確立した。Offa の死後 Mercia の勢力は衰え始め、825 年に Mercia 王 Beornwulf（在位 823-25) が Wessex 王 Ecgberht（在位 802-39）に敗れたが、830 年 Wiglaf（在位 827-40) の下で回復した。9 世紀には両国はライバルであったというのが通説だったが、Keynes は貨幣研究なども参照してこれを批判し、9 世紀半ばの両国関係は密接であったと言う (1998:1-45;2001:310-28 などを参照)。853 年に Mercia 王 Burgred（在位？852-73/74）が Wessex 王 Æthelwulf（在位 839-58) の娘で Alfred の姉 Æthelswith と結婚し、Alfred（在位 871-99) は Mercia 王家と血縁のある Ealhswith を妻とした。

879年Mercia王Ceolwulf 2世の歿後間もなく、AlfredはMerciaを直接支配し、886年にはロンドンを占領して、デーン人支配地域以外のイングランド王、つまり 'the king of the Anglo-Saxons' と呼ばれるようになった（*The Anglo-Saxon Chronicle* 886年を参照）。しかし *Pastoral Care* に序文として添えられている Alfred 自身の書簡に書かれているように、Alfred は、Wessex では廃れているラテン語の知識が Mercia には残っていることを認めるなど、Mercia の人々と密接な関係を保っていた。当時の言語状況を推測して、Schreiber（2003:133）は、

Nor is it possible that the close day-to-day contact of speakers of two closely-related dialects should have left no trace in the linguistic behaviour of Anglo-Saxon court circles in the reign of King Alfred.

と述べている。このように考えれば、初期 West Saxon と Mercian の間に類似点があったのも当然のことと言えるであろう。

7. Winchester vocabulary と標準古英語

Wessex 王国が優勢になって、アングロ・サクソン王国と言われるようになるにつれて、さまざまな面で統一が行われた。*Pastoral Care* を始め、すべての人びとが知るべき書物が翻訳されて各地に送られ、法律や勅許状が公布されたりした。同一の文書が広い地域に普及すると、書き言葉の標準化が促進される。Alfred は単に Wessex でラテン語の知識が衰退したから翻訳を行ったのではない。その背景にはフランク王国カロリンガ朝のシャルルマーニュの影響を受けて、イングランドを統一しようという政治的意図があったに違いない（Keynes 2003:176）。しかし Alfred の時代には West Saxon は統一的な言語ではなかった。標準古英語が成立するのは Wessex の支配がイングランド全土に及んだ Edgar（在位959-75）の治世の終わりに近い970-75年ごろである。973年ごろ Edgar がウィンチェスターに召集した教会会議で、カンタベリー大司教 Dunstan、ウィンチェスター司教 Æthelwold、ヨーク大司教 Oswald が指導的役割を果たして、*Regularis Concordia*（『統一修道規定』）が定

められた。その中心になったのは、Edgar の要請によって *Regula Sancti Benedicti*（『聖ベネディクト戒律』）を古英語に訳した Æthelwold である。

Gneuss (1972:82-83) は、標準語が普及したのは 11 世紀で、ベネディクト会修道院改革がその道を拓いたとして、次のように述べている。

In the eleventh century there was a widespread diffusion in all parts of England of a standard literary language, which must have developed from a West Saxon basis .... The Benedictine reform paved the way for the process of language unification .... In Winchester ... an entire school is engaged in what one might term the study of language. Here they translate from Latin and try even to regulate the use of vocabulary. Here, then, could be the starting-point for the systematic diffusion of the new standard. ... the source of this cultivation and care may well have bee Æthelwold and his circle in Winchester — England's first English philologists.

Gneuss は、10 世紀末または 11 世紀前半に作られ、ウィンチェスターと関係のある 1 群の作品を Winchester group と呼んだ。このグループに属するのは、Ælfric の著作、*The Lambeth Psalter* の行間注釈、*Expositio Hymnorum* の注解、The Rule of Chrodegang の古英語訳である。Winchester group には統一的な語彙選択が見られる。Gneuss は Winchester group に特有の語彙を Winchester words と呼ぶ。その中には、他の作品における cirice 'church' に対する gelaðung ('invitation, assembly')、þrōwere ('sufferer') または借入語の martyr に対する cȳðere ('witness')、ofermōd 'proud' に対する mōdig などがある。

Gneuss (1972:81) が挙げているのは特に宗教的な分野の語彙であって、彼自身、Winchester vocabulary と標準古英語の起源との関係は仮説であって、いっそうの研究が必要だと考えていたことは、次の引用からもわかる。

It is obvious that what I have said so far about the Winchester origin of Standard Old English is, and may remain, a hypothesis. Above all I am well aware that far more work will have to be done on various aspects of the problem.

それにもかかわらず、Winchester vocabulary と Standard Old English を区別せずに、それらが Standard Old English の語彙部門と受け取られる傾向が見られる。そのことについて Gneuss (1972) が論文集 Gneuss (1996) に収録された際に以下のような付記が加えられた。

It seems important to emphasize the difference between what is now generally called 'Standard Old English' and the usage obviously developed and taught at Æthelwold's school in Winchester. The latter is marked by the consistent employment of deliberately chosen term for certain concepts, especially by Ælfric and in a number of anonymous texts and continuous interlinear glosses. This has been studied and fully documented by Walter Hofstetter, *Winchester und der spätaltenglische Sprachgebrauch* (Munich, 1987); see also his 'Winchester and the standardization of Old English vocabulary', *Anglo-Saxon England*, 17 (1988), 139-61.

'Standard Old English' is a written form of English based on the West Saxon dialect (but not necessarily following Winchester school word usage) whose use appears to have spread to the other dialect areas since the later tenth century; the ecclesiastical centre at Winchester must have played a significant role in this development, to which, however, other factors will have contributed.

Winchester vocabulary と Standard Old English を区別すべきことは、この問題について研究を続けている Gretsch も繰り返し警告している (1999、2001、2003 を参照)。Gretsch によれば、Winchester vocabulary は少数のテクストにおいて一部の領域について用いられたもので、その

起源はラテン語、特に Aldhelm の作品に見られる hermeneutic style、すなわち聖書解釈的なスタイルの語彙である。したがって、すでに Gneuss が示唆したように、Winchester vocabulary は語彙選択におけるスタイルの問題と考えられる。例えば先に挙げた cirice に対する gelaðung、martyr に対する cyðere のように、Winchester word は意図的な語である場合が目立ち、廃れて、Winchester word でない語のほうが残る傾向がある。

　本稿の初めの方で、*Pastoral Care* に ongietan が多いと述べたが、この作品の後期 West Saxon の写本で、ongietan が undergietan に置き換えられている箇所がある。私が *A Microfiche Concordance to Old English* で調べた結果、undergietan は Winchester group およびその周辺の作品に多い (Ono 1986; Hofstetter 1988:143 および Kastovsky 1992:349 参照)。初期 West Saxon に多い ongietan は後期には非常に少ない。それに代わったのは今でも使われている understandan である。これに対して undergietan は、Ælfric は使っているが、Wulfstan は1回も使っていない。この場合も Winchester word のほうが廃れて、understandan のほうが残っている。このようなことから見ても Winchester vocabulary は限られた範囲における語彙選択の対象であって、標準古英語とは区別すべきであろう。

8.　おわりに

　古英語は中世ヨーロッパのヴァナキュラーの中でもっとも多く記録された言語である。すでに 1931 年に Kenneth Sisam は、

> .... the early eleventh century was the period in which West Saxon was recognized all over England as the official and literary language. (*Studies in the History of Old English Literature*, 1953:153 より引用)

と言っている。今日残っている古英語写本の大多数は 11 世紀のもので、それ以前のものはきわめて少ない。それにもかかわらず、いまだに古英語研究の基礎として、Sweet に従って初期 West Saxon を用いているの

は、後期の標準的な古英語の徹底的な研究が行われていないからではないかと、マンチェスター大学の Scragg (2001) は言う。そこで彼はマンチェスター大学の Centre for Anglo-Saxon Studies にプロジェクト・ティームを設けて、11 世紀写本の palaeographic な研究と 11 世紀英語の spelling variants のできるだけ包括的な目録作成を始めている。このプロジェクトはゲッティンゲン大学の Gretsch, Schreiber などと協力し、オックスフォード大学の Godden も資料を提供している。このプロジェクトの成果が期待される。

　以上、標準古英語とその研究について述べてきたが、標準語はきわめて政治的な問題であって、その根底にはナショナリズムがある。標準古英語の成立後間もなく、ノルマン征服によって英語はフランス語の下位言語になった。再び英語が台頭する主な要因はフランスとの百年戦争であろう。このように標準語が国家と結びついているとすれば、英語が世界語へと発展した今日、標準英語の問題はどうなるだろうか。それは今後の世界情勢によるところが大きいであろう。

References

Bately, Janet (1988) 'Old English Prose before and during the Reign of Alfred,' *Anglo-Saxon England* 17, 93-138.

Davis, Norman (1953) Sweet's *Anglo-Saxon Primer*. Oxford: Clarendon Press.

Gneuss, Helmut (1972) 'The Origin of Standard Old English and Æthelwold's School at Winchester,' *Anglo-Saxon England* 1, 63-83; repr. in Gneuss (1996), No.1.

—— (1996) *Language and History in Early England*. Aldershot: Variorum.

Gretsch, Mechthild (1999) *The Intellectual Foundations of the English Benedictine Reform*. Cambridge: Cambridge University Press.

—— (2001) 'Winchester Vocabulary and Standard Old English: the Vernacular in Late Anglo-Saxon England,' *The Toller Memorial Lecture*. Manchester Centre for Anglo-Saxon Studies.

—— (2003) 'In Search of Standard Old English,' in L. Kornexl and U. Lenker, eds., 33-67.

Hofstetter, Walter (1987) *Winchester und der spätalenglische Sprachgebrauch: Untersuchungen zur geographischen und zeitlichen Verbreitung altenglischer Synonyme*. München: Fink.

—— (1988) 'Winchester and the Standardization of Old English Vocabulary,' *Anglo-Saxon England* 17, 139-61.

Kastovsky, Dieter (1992) 'Semantics and Vocabulary,' in Richard M. Hogg, ed., *The Cambridge History of the English Language*. Vol. 1, Cambridge: Cambridge University Press, 290-408.

Keynes, Simon (1998) 'King Alfred and the Mercians,' in Mark A. S. Blackburn and David N. Dumville,eds., *Kings, Currency and Alliances: History and Coinage of Southern England in the N inth Century*, Woodbridge: The Boydell Press, 1-45.

—— (2001) 'Mercia and Wessex in the Ninth Century,' in Michelle P. Brown and Carol A. Farr, eds., *Mercia: an Anglo-Saxon Kingdom in Europe*. 310-28.

—— (2003) 'The Power of the Written Word: Alfredian England 871-899,' in T. Reuter, ed., 175-97.

Kornexl, Lucia and Ursula Lenker, eds., (2003) *Bookmarks from the Past: Studies in Early English Language and Literature in Honour of Helmut Gneuss*. Frankfurt am Main, etc.: Peter Lang.

Mitchell, Bruce and Fred C. Robinson (5 th ed., 1992), *A Guide to Old English*. Oxford: Blackwell.

Ono, Shigeru (1975) 'The Old English Verbs of Knowing,' *Studies in English Literature*. English Number 1975, 33-60; repr. in Ono (1989), 139-67.

—— (1986) '*Undergytan* as a 'Winchester' Word,' in Dieter Kastovsky and Aleksander Szwedek, eds., *Linguistics across Historical and Geographical Boundaries in Honour of Jacek Fisiak on the Occasion of His Fiftieth Birthday*. Vol. 1. *Linguistic Theory and Historical Linguistics*. Berlin: Mouton de Gruyter, 569-77; repr. in Ono (1989), 229-41.

—— (1989) *On Early English Syntax and Vocabulary*. Tokyo: Nan'un-do.

Quirk, Randolph and C. L. Wrenn (1955) *Old English Grammar*. London: Methuen.

Reuter, Timothy, ed., (2003) *Alfred the Great: Papers from the Eleventh-Centenary Conferences*. Aldershot: Ashgate.

Schabram, Hans (1965) *Superbia: Studien zum altenglischen Wortschatz. Teil 1. Die dialektale und zeitliche Verbreitung des Wortguts*. München: Fink.

Schreiber, Carolin (2003) *King Alfred's Old English Translation of Pope Gregory the Great's Regula Pastoralis and Its Cultural Context*. Frankfurt am Main, etc.,: Peter Lang.

—— (2003) 'Dialects in Contact in Ninth-Century England', in L. Kornexl and U. Lenker, eds., 1-31.

Scragg, Donald (2001) 'Standard Old English and the Study of English in the Eleventh Century,' *Old English Newsletter*, Vol.35, No. 1. 24-26.

Seebold, Elmar (1974) 'Die ae. Entsprechungen von lat. *sapiens* und *prudens*: Eine Untersuchung über die mundartliche Gliederung der ae. Literatur,' *Anglia* 92, 291-333.

Sisam, Celia (1955) 'Review of *The Life of St. Chad*. Ed. by Rudolf Vleeskruyer,' *The Review of English Studies* 6, 302-3.

Sisam, Kenneth (1931) 'MSS. Bodley 340 and 342: Ælfric's Catholic Homilies,' *The Review of English Studies* vii, 7 ff.; repr. in *Studies in the History of Old English Literature*. Oxford: Clarendon Press, 1953, 148 ff.

Sweet, Henry, ed. (1871) *King Alfred's West-Saxon Version of Gregory's Pastoral Care*. EETS. OS. 45 and 50.

—— (1882) *An Anglo-Saxon Primer*. Oxford: Clarendon Press.

Vleeskruyer, Rudolf, ed. (1953) *The Life of St. Chad: An Old English Homily*. Amsterdam: North-Holland.

Wenisch, Franz (1979) *Spezifisch anglisches Wortgut in den nordhumbrischen Interlinearglos-*

sierungen des Lukasevangeliums. Anglistische Forschunghen 132. Heidelberg: Winter.

Wrenn, C. L. (1933) '"Standard" Old English,' *Transactions of the Philological Society* 1933; repr. in *Word and Symbol: Studies in English Language*. London: Longmans, 1967, 57-77.

Yorke, Barbara (2003) 'Alfredism: the Use and Abuse of King Alfred's Reputation in Later Centuries,' in T. Reuter, ed., 361-80.

(2005 年)

4

古英語・中英語散文の文体

まえがき

　昨日から philology と linguistics という問題が出ているが、私の理解しているところでは、過去の言葉というものを考える場合に、過去の歴史性——つまり過去において如何にあったか、過去のある文献を作者がどういう意図で書いたか、そして当時の読者がどう受け取ったかというようなこと——を明らかにして行こうとすること、例えば音楽の演奏について言えば、その当時はどういう楽器でどういう風な演奏をしたか、そしてそれをどのように聴衆が受け取ったか、そういうことを明らかにして行く方法があると思う。それからもう一つ、今度は、ある文学作品が現代にとってどういう意味があるか、現代の読者がその作品を読むことによってその作品が成立するという読者論もある。演奏についてもそういうことがある。従って二つの立場は両立すると思う。私は過去の歴史性を明らかにして、出来るだけ過去に接近して行きたい、言い換えれば philology の方法をとりたいと思う。そして私がこれまで疑問に思っていたことに関して、比較的最近どういう研究が進められているか、それを我々はどのように受け止めて、それがもし英語史研究と関係があるならば、どいう風に役立てて行くことが出来るかを考えたい。

　例えばラテン語の影響というようなことがよく言われる。また英語が古英語期から現代まで連綿と続いているという連続性（continuity）の概念もある。そのように縦につながっているのか、一つの連綿とした流れを考えるのか、外からの影響があるのか、あるとすればどういう所に

あるのか、それを本当に突き詰めて行った場合にどこにあるのか、我々としてはそれを明らかにし、たとえ微細なものであろうとも、それを捉えて行かねばならない。そのためにはラテン語と中世修辞学という問題があり、それらが我々の研究における今後の重要な課題となるであろう。

Ælfric と Wulfstan の散文体

I. A. Gordon は The Movement of English Prose で "Old English prose is basically a prose of utility"[1] と言って、それを次の三つに分けている

(1) prose of exposition—medical and 'scientific' manuscripts, law, wills and charters, etc.
(2) prose of adult education—Alfred
(3) prose of persuasion—Ælfric and Wulfstan

これらの中で特に文体の点で際立った特徴を持っているのは、Ælfric と Wulfstan によって代表される prose of persuasion である。この persuasion はほぼ次に挙げる *movēre* に相当する。以下の文章の3機能とそれに対応する文体は、アウグスティヌスの『キリスト教の教え』(*De Doctrina Christiana*) の第4部に基づいている。

docēre　　(= to teach) ─────── *tenue*　(= plain)
delectāre　(= to give pleasure) ─── *medium*　(= middle)
movēre　　(= to move the emotions) ── *grande*　(= elevated)

アウグスティヌスの『キリスト教の教え』を Ælfric が実際に知っていたかどうかについては、L. M. Reinsma[2] などは否定的であるが、そういった知識はその当時は何等かの出所を通して知られていたのであろうと理解しておきたいと思う。そこで、Ælfric は *docēre* を主として用い、それに *delectāre* を加えたが、それに対して Wulfstan は専ら

movēre を用いたと Gordon は言う。両者共にリズミカルな散文を書いているが、Ælfric のリズムと Wulfstan のリズムは非常に異なる。Ælfric はふつうの散文を書いていたが、*Catholic Homilies* の第 2 集の St. Cuthbert についての説教でリズミカルな散文を書き始めた。そのリズムは古英語の頭韻詩に非常に似ており、ただ語彙は散文的であるが、それに対して Wulfstan のリズムは 2 強勢である。久保内氏が指摘されたように例外もあるが、Ælfric と比べるならば、2 強勢の小さな統語的単位が Wulfstan の特徴である。

特に Ælfric のリズミカルな散文の起源については、G. H. Gerould (1924-5) がラテン語の cursus すなわちリズミカルな文末の模倣を主張して以来、様々な角度から批判がなされて来た。すなわち Dorothy Bethurum (1932), J. C. Pope (1967), F. R. Lipp (1969) は、程度の差はあれ、古英詩の影響を重視した。これに対して Otto Funke (1962) は Ælfric 以前の説教散文にも頭韻を踏みリズムを持つ散文があったと主張する。Ælfric の *Catholic Homilies* の第 2 集の新版を EETS (SS. 5, 1979) から出した M. R. Godden は次の引用文で、従来の説を要領よくまとめた後に自説を提出している。

> For his [Ælfric's] characteristic use of the regular two-stress rhythm, reinforced by alliteration, the influence of both Latin prose and Old English verse has been canvassed. But the use of a two-stress phrase with alliteration is also to be seen in earlier homiletic prose, as Otto Funke has shown .... And if, as seems likely, Aelfric's homily on St. Cuthbert was his first attempt at a regular use of this style, one should perhaps add the influence of Latin verse as a stimulus to a more ornate kind of writing, ...[4]

この引用文で Godden が加えている説というのは、Ælfric の St. Cuthbert についての説教、すなわち *Catholic Homilies* の第 2 集の 10 番目の説教がリズミカルな散文を規則的に用いた最初の試みであり、これはラテン詩に基づいているので、Ælfric がリズミカルな散文を書き出し

たきっかけはラテン詩の影響によるのではないかということである。これは St. Cuthbert にだけ影響を与えたいというのではなくて、それが引き金となって、その後ずっとそのスタイルが使われるようになったという意味では、かなり重要な要素になっているのではないかと考えられる。

1979年にトロントのヨーク大学でおこなわれたシンポジウムの成果をまとめた論文集 M. W. Herren (ed.), *Insular Latin Studies: Papers on Latin Texts and Manuscripts of the British Isles: 550-1066* に収録された論文で、Gernot Wieland は、同一主題について散文と韻文で書くという *geminus stilus* (= twofold style) を用いた Aldhelm, Bede, Alcuin の作品を扱った後に、次のような憶測を述べている。

> One final speculation: scholars have long puzzled over Aelfric's rhythmic prose to the extent that some have published his saint's lives as though they were prose and others as though they were poetry. They clearly are both, but enmeshed to such an extent that they cannot be separated. Perhaps Aelfric brings the *geminus stilus* to its logical conclusion in these works: rather than two works on the same subject, one in verse and one in prose, he writes only one in which he combines both styles.[5]

つまり Ælfric の *Lives of Saints* を G. I. Needham (1966) は散文の形で印刷し、W. W. Skeat (1881-1900) は韻文の形で印刷していて、散文であるのか韻文であるのかよくわからないが、Ælfric 自身が *geminus stilus* を知っていて、散文と韻文の両方の形式を結合したような形で、どちらともつかないものを書いたのではないかということである。Wieland 自身が憶測だと言っているのであるから何とも言えないが、Ælfric が知っていた当時の聖者伝の書き方から光を当ててみるという必要もあるのではないかと思う。言い換えれば、英語の中でだけ考えるというのでは不充分であり、またラテン語の修辞法の影響と言っても、cursus つまり散文の文末のリズムということが言われているが、それだ

けでなく、もう少し違った角度からラテン語の影響というものが考えられ出しているということである。イギリスにしろアメリカにしろ、アングロ・ラテン語の研究が非常に進んで来ており、F. C. Robinson が "The real frontier in early English studies is in the field of pre-Conquest Anglo-Latin, ..."[6] と言っているように、アングロ・サクソン研究のいわば前提として、このような研究が行なわれなければならないようになっている。我々はこれを無視して Ælfric などを論ずることは難しくなって来るのではないかという感じを受けるのである。

ところで Ælfric と Wulfstan の違いの中で、統語法については、機会があれば後に触れることにして、次節では私が最近関心を持っている語彙の問題を、大泉氏の発表と抵触しない形で、語彙の文体という観点から述べたいと思う。

Ælfric と Wulfstan の語彙

上に述べたように、Ælfric も Wulfstan も共に頭韻を持つリズミカルな散文を書いたが、Ælfric のリズムが四つの強勢を持つ詩行のように配列することの出来るゆったりとした型であるのに対して、Wulfstan のリズムは二つの強勢を持つ句から成る激しい型であって、対照的である。しかし Ælfric と Wulfstan の相違はリズムのみにあるのではない。

Wulfstan の真作を決定しようとした Karl Jost は、Wulfstan の真作か偽作かを区別する基準として、Wulfstan 語彙（Wulfstanwörter）というものがあって、それを使っているものが Wulfstan の真作であるとする。Jost[7] によれば、Wulfstan は「産む」という時には geberan を使って cennan や acennan を使わない。「認識する」という時には gecnawan を使うが、oncnawan, tocnawan を使わない。「与える」には gifan を使って forgifan は使わない。forgifan を使うのは「罪を許す」という時だけである。「名付ける」という時には namian を使うが hatan は使わない。「幸いな」に対しては gesæling を使って eadig は使わない。次に「法律」にはスカンジナヴィア語の lagu を使って本来語の æ は使わない。今 Wulfstan が使わないとした語を大体において Ælfric は使っている。Dorothy Bethurum[8] も指摘しているように、ウェスト・サクソン方言の

優勢な Wulfstan の語彙の中に若干のスカンジナヴィア借用語があるのは、彼がヨーク大司教としてヨークの聴衆に語りかけたことと関係があるであろう。

　ラテン語の superbia に対応する古英語の語彙の徹底的な研究において、Hans Schabram は Ælfric と Wulfstan について次のように言っている。

> Während Ælfric zur Wiedergabe des *superbia*-Begriffs so gut wie ausnahmlos *modiʒ*- verwendet, bedient sich Wulfstan durchweg der Typen *ofermod*- und *prut*-. Diese Differenz ist eindeutig nicht zeitlich oder dialektal sondern individuell bedingt, insofern beide aus der um die Jahrtausendwende im Ws. zur Wortung des *superbia*-Begriffs verfügbaren Trias eine verschiedene Auswahl treffen.[9]

(Ælfric は superbia の概念を訳すのにほとんど例外なく modiʒ-を用いているが他方 Wulfstan は徹頭徹尾 ofermod- と prut- の型を用いている。この相違は明らかに時代的または方言的なものではなくて個人的なものである。両者は、千年頃にウェスト・サクソン方言で superbia の概念を表わすのに利用出来た三つの組みの中から、異なった選択を行なっているからである。)

　すなわち Ælfric は modiʒ- を用い、Wulfstan は ofermod- とフランス借用語 prut- を用いていて、両者の語の選択が異なるのである。さらに注意すべきことは、

> Kennzeichnend für Alfreds *superbia*-Wortschatz ist die nahezu ausschließliche Verwendung des Typs *ofermod*-, ...[10]

(Alfred の superbia 語彙の特徴はほとんど専ら ofermod- の型を使っていることである。)

と Schabram が述べているように、Alfred の語彙が Wulfstan と同じで、Ælfric と異なっていることである。

　同様のことが他の語彙についても見られる。Elmar Seebold はラテン語の sapiens と prudens に対応する古英語の語彙を研究した論文の終りで研究の成果を概観しているが、prudens については Schabram による superbus に関する結果を並記している[11]。その中から当面の問題に直接関係のある部分を抽き出せば次のようになる。

	'prudens'	'superbus'
Alfred-Kreis	wær(scipe)	ofermod/-mettu
Wulfstan	wær(scipe)	ofermod/-mettu, ofermodigness
Benediktiner-Gruppe	snotor(ness)	modig(ness)

　これで見ると Alfred のサークルと Wulfstan が同じ、wær(scipe) であるのに対して、ベネディクト派グループは snotor(ness) でそれと異なっている。Ælfric はベネディクト派グループに属しているので、ここでも、Alfred と Wulfstan が同じで、Ælfric は彼等と異なっていると言える。しかし superbia について Schabram は Ælfric と Wulfstan の間の相違は個人的なものだと言っているが、prudens の場合はベネディクト派グループという個人を超えたものと Wulfstan の間の相違になっている。

　さらに Schabram(1974) によれば、wlanc とその派生語及び複合語を、Wulfstan は使っているのに対して Ælfric は全く使っていないが、Alfred は Wulfstan と同様にそれを使っている。Schabram は、Ælfric と Wulfstan の間に見られるこのような相違は、純粋に個人的なのか、あるいはウェスト・サクソン方言内の地域的相違なのか、あるいは例えばウィンチェスターのようなある中心の影響があるのか、という疑問を提出することはたやすいが満足の行くように答えることは難しいと言い、また Alfred が Ælfric と異なって Wulfstan と同じだということも、注目に値するが現在の所同じく説明がつかないと言う。[12]

ÆlfricとWulfstanの相違は、Ælfricが所謂ウィンチェスター・グループに属していることを考えれば、単なる個人間の相違ではなさそうである。ウィンチェスター・グループという一群の作品の言葉に標準古英語への動きを見るHelmut Gneussは次のように言う。

> What seems particularly important for our argument is the fact that even those contemporaries of Ælfric who otherwise kept to Standard Old English felt themselves at liberty, in their choice of words, to follow their own inclinations or other models. This is the case with Wulfstan, archbishop of York and bishop of Worcester, who corresponded with Ælfric and yet used a vocabulary which was not that of Æthelwold's school.[13]

つまり語彙の選択においてWulfstanはÆthelwold's schoolから外れているというのである。それではÆlfricとWulfstanの間のこのような相違の原因はどこにあるのであろうか。

M. McC. GatchはÆlfricとWulfstanの教会における地位の相違を考えて、次のように述べている。

> He [Wulfstan] came from the same theological milieu as Ælfric and worked closely with the abbot; but, for all their personal and programmatical compatibility, the two were almost totally unlike as preachers. Perhaps their differences were, after all, differences arising from their stations in the church; but, if so, they have come after a millennium to seem to be primarily differences of temperament.[14]

Wulfstanはヨーク大司教及びウスター司教であるのに対してÆlfricはエンシャム修道院長であるという地位の相違が当然聴衆の相違と関係して来ると思われる。そしてこのことがまたWulfstanとÆthelwold's schoolとの関係をÆlfricの場合とは異なるものにしたと考えることが出来る。そうとすればGatchが

Wulfstan as a literary figure is curious in that, despite his ties with the Winchester movement, he ignored its dictates as to vocabulary.[15]

と言う時、必ずしも 'curious' と言う必要はないと思われる。
Æthelwold の『聖ベネディクトゥスの戒律』(*Regula Sancti Benedicti*) 訳について Mechthild Gretsch は次のように述べている。

> Æthelwold's vocabulary is, then, what we might call 'modern' and the Old English Rule is without doubt among the texts that mark the beginning of late West Saxon or 'Standard Old English'. Even more significant, however, is the rôle of Æthelwold's translation in what Professor Gneuss has called the 'Winchester group' of Old English texts.[16]

Gretsch は Gneuss の所謂ウィンチェスター・グループ―その中には Ælfric の著作も含まれる―における Æthelwold の古英語訳の役割を重視しているのである。ベネディクト会改革の指導者であった Æthelwold は、新しい運動を促進すべく 'modern' な語彙を使って、標準古英語の始まりを示し、その弟子である Ælfric の著作を含むウィンチェスター・グループはそれに従ったのであろう。それに対して、ヨーク大司教及びウスター司教であった Wulfstan は、人々に直接に説教するために、人々になじんだ語彙を使ったのであろう。Wulfstan が Ælfric と異なり Alfred と一致する所があることの原因はこの辺りに求められるのではないだろうか。しかし古英語語彙研究の現段階では未だこの問題に結論を出すことは出来ない。さらに Ælfric 並びにウィンチェスター・グループについても再考の余地がある。

M. R. Godden は、次の引用が示すように、Ælfric 自身の語彙が時と共に変化したことを指摘している。

> The notion that an Anglo-Saxon writer's basic vocabulary is determined by the period and region in which he was born needs to be considered carefully. Ælfric's basic vocabulary in his last ten years (1000-1010) is

in several respects quite different from the basic vocabulary of his first ten years. If even Ælfric, concerned with perfecting his linguistic usage and trained at a newly-reformed Winchester which was itself apparently interested in standardising vocabulary, can show this degree of variation and experimentation, one would expect other writers to be still more subject to passing influences.[17]

　このように Godden は、個人における語彙の変化があるために、語彙によって作家・作品の時代・地域を決定することに批判的であるが、今 Ælfric に限定して、Godden が挙げる二、三の例を見たいと思う。例えば「殉教者」を表わすのに、Ælfric は始めは cyðere というウィンチェスター語彙を使うが、後には Wulfstan と同様に一般的な martyr を使うようになる。また「法律」には æ を使っていたが、ある時期から、これも Wulfstan と同じく、スカンジナヴィア借用語の lagu を使うようになる。つまり始めはウィンチェスター語彙を使っていたが、後に一般的な語彙を使うようになったのである。

　Ælfric が比較的よく使ったのに対して Wulfstan は全く避けていた語の一つに undergytan があるが、この語は Ælfric の著作を含むウィンチェスター・グループに好まれた形跡があり、それ以外ではあまり用いられなかったようである。[18]

　先に Wulfstan 語彙というものを挙げたが、それが今に至るまで残っていること、ウィンチェスター・グループで cirice の代わりに用いられた gelaðung, martyr の代わりに用いられた cyðere などが残らず、cirice, martyr が残り、このグループに好まれたと思われる undergytan が廃れたこと、さらに Ælfric 自身が始めはウィンチェスター語彙を使っていたが、後に一般的な語に改めることがあったことなどを考え併せると、ウィンチェスター語彙というものは、新しい運動であるが故に、意識的に新しい言葉、あるいは一般的でない言葉を使ったという、かなり人為的・局地的な性格を持っていたかも知れず、語彙史的には過大評価すべきではないと思われる。しかしこの問題の解明は今後の研究に俟たなければならない。

英語散文の連続性

Ælfric が英語散文の連続性の中で非常に重要な位置を占めているということは、すでに R. W. Chambers が *On the Continuity of English Prose from Alfred to More and his School* (1932) で言っていることである。Chambers は、英語の散文は Alfred から始まって *The Ancrene Riwle* を中心として、Richard Rolle, Walter Hilton, *The Cloud of Unknowing* などを経て Sir Thomas More とその一派に至ると言っている。それに対して様々な批判がなされていることは今更繰り返すまでもない。[19] Chambers が考えているのは、

> The continuity of English prose is to be found in the sermon and in every kind of devotional treatise.[20]

という彼自身の言葉からも明らかなように、説教散文及び宗教散文の伝統、しかもすぐれた文学的散文の連続性であって、片寄っていると言わざるを得ない。しかもその根底には愛国心がある。最近 *Dobson-Festschrift* に寄せた論文で Bella Millett は次のように言っている。

> Tolkien and Chambers attached a high value to the 'AB group' largely because they saw it as a symbol of native English resistance to an alien culture. Tolkien's views were coloured both by his love for the West Midlands ... and by his instinctive dislike of everything French, including the Conquest .... Similarly, the purpose of Chambers's essay on 'The Continuity of English prose' was to demonstrate the superiority of Anglo-Saxon civilization to the culture brought by the invading Normans, and its power of independent survival.[21]

I. A. Gordon は

> By the time of the Conquest the two major Old English styles—the prose of utility and the rhythmic prose of persuasion—were firmly

established. The first remained. The second finally disappeared.[22]

と言っている。つまり Alfred のような実用の散文が残り、Ælfric や Wulfstan に見られるリズミカルな散文が廃れたというのである。そして Gordon は "The continuity of English prose is a continuity of spoken English"[23] と言って、Chambers に対して批判的な意見を提出している。

先にも触れたように、Chambers は "The *Ancren Riwle* therefore occupies a vital position in the history of English prose"[24] と述べて、*Ancrene Riwle* に連続性における中心的な位置を与えている。*Ancrene Riwle* は同時代の *Katherine Group* と非常に違っている。R. M. Wilson は、

> It would seem that in at least two points, in the Lack of inversion and in the position of the verb in dependent clauses, the *Ancrene Riwle* stands apart from the contemporary prose.[25]

と述べて、語順の点で *Ancrene Riwle* が同時代の散文よりも近代の散文に近いことを示し、連続性の問題の再考を促している。他方 Cecily Clark (1966) は *Ancrene Riwle* には *Katherine Group* の三つの *Saints' Lives* よりもフランス借用語が著しく多いことを明らかにしている。この二つ、つまり語順が近代の散文に近いことと、フランス借用語が多いということは、*Ancrene Riwle* が同時代の散文より 'modern' であるということの証拠になるであろう。そうすると Chambers が英語散文中における中心的地位を占めるとした *Ancrene Riwle* は連続性ではなくてむしろ非連続性を示すものになりそうである。この点で参考となるのは Smithers の言葉である。

> The dogma that the *Ancrene Riwle* is a main example of the 'continuity' of Old and Middle English prose is thus a major error of literary history. The author's warm, intimate, easy tone and his conversational syntax are as novel in our prose as his apparatus of style.[26]

古英語・中英語散文の文体　　　　　　　　　　　　　　　　69

　このように見て来ると *Ancrene Riwle* の位置づけというものはよく考えなければならず、またこの作品の諸写本の比較研究もしなければならないと思う。また Chambers は宗教的散文に連続性を見、Gordon は連続性は話し言葉にあると言っているが、実は単一な連続性があるのではなくて、例えば宗教散文、世俗散文それぞれの連続性がある、つまり複数の連続性があると考えられないであろうか。Gordon は話し言葉の連続性と言うが、現実にあるのは書き言葉なのであって、それを Gordon のように考えるのは無理ではないか。それでは一体どれがその当時の普通の言葉であったかということを、現代的な立場から見るべきではないであろう。その根本的な問題は、その当時の人々の言語意識なり言語規範意識なりがどういうものであったか、あるいは現代のような意味での文法の意識があったかというような問題になって来ると思う。しかしこのような漠然としたことを言っていても仕方がないので、最後に、先に挙げた Millett の言っている非常に具体的なことを取り上げたいと思う。
　Millett は *Hali Meiðhad* と *Sawles Warde* とそれらのラテン語原典の幾つかの箇所を比較しているが、それによるとある部分においては、ラテン語の修辞法をそのまま使ってそれに対応するように訳していることがわかる。実は *Ancrene Wisse* にも古英語の説教散文にはない修辞法が用いられ、その源がラテン語の文体に見られると Cecily　Clark (1977) が述べている。Millett は Clark の論旨を次のように要約している。

> Cecily Clark pointed out in a 1977 article that the kind of rhetorical patterning found in *Ancrene Wisse* has, in fact, few parallels in Old English homiletic prose, and that a far more likely source, given what we know of the author's reading, is the 'paratactic and patterned' Latin style developed by Augustine and elaborated by twelfth-century writers like Bernard of Clairvaux and Ailred of Rievaulx. [27]

　先に触れた Smithers も言っているように、12世紀、言い換えれば12世紀ルネサンス、以後はそれ以前と知的風土が違っていた。そこで

Ælfric は彼の時代のラテン文学の影響を受けていたが、それと *Ancrene Riwle* の時代の外的影響とは異質のものであった。*Hali Meiðhad* と *Sawles Warde* のラテン語原典との関係を論じた上記の論文を結ぶ次の Millett の言葉はこのことを明快に語っている。

> These stylistic links with twelfth-century Latin literature suggest that the role of the 'AB group' in English literary history is not as uncomplicated as Chambers and Tolkien implied. There is no doubt that it draws on a native tradition of prose-writing which can be traced back beyond the Conquest; but some of its works at least look outwards as well as backwards for their models, and one of the formative influences on their style is the Latin prose of their own time.[28]

結　び

初めに述べたように Ælfric と Wulfstan の違いを考える場合にどういうことを考慮したらいいのか、また連続性というものを考える場合にどういうことを考慮したらいいのか、このような場合に最近の研究を見てみると、常にアングロ・ラテン語とか同時代のラテン文学あるいはラテン語の修辞法というものにぶつかる。現在のイギリスやアメリカでは必ずそれが根底にあって研究が進められている。考えてみれば、これは中世イギリスの言語を論ずる場合に、特に文学語を問題にする場合に、英語のみを対象にしてよいかということである。ここで我々は暫く、例えばイギリス中世史家 V. H. Galbraith の言葉に耳を傾ける必要があるのではないかと思う。

> The sentiment of nationality is thus a continuous thread in the stuff of English history, present in some primitive form from the beginning, but in the Middle Ages still relatively inconspicuous. Historians are wont to measure its growth and intensification by the progress of the vernacular, which, as is well known, developed in a unique and precocious way in the tenth and eleventh centuries. By the year 1000 we meet with a

formed, literary English prose, and very little later, an "official English" used by the central government. Professor Chambers, who in a brilliant essay has recently brought together the indications of a national feeling in England at this time, lays great stress on this prose, and in particular on the fact that it is such good prose. He says, in effect, that there are few better tests of a people having reached and maintained its place among nations than the power of writing stirring prose in its own tongue: that from some point of view it seems as if eleventh-century England was getting into the fifteenth without passing through the later Middle Ages at all: and that the English language and English nationality were both nearly destroyed by the Norman Conquest. There can of course be no doubt about the existence of some sort of a national consciousness in pre-Conquest England .... But we must be careful not to read back the present into the past by assuming that the vernacular was as important an element in national feeling then as it is now.

The point is not so much whether we admire the prose of the Anglo-Saxon and think it good, as whether they thought it good and took pride in it as a literary language. Actually there is little evidence of any such attitude. The vernacular in England as elsewhere was a second best, and its diffusion a sign of illiteracy. It was encouraged by Alfred because of the dearth of Latin scholarship, and used by Ælfric, very reluctantly, to carry the message of salvation to the laity .... Latin was the language of the clergy; the only learned language; the only language studied grammatically; the only language that could adequately express the thoughts of sophisticated men on letters, religion, science, and mathematics.[29]

Galbraith は Chambers のようにノルマン征服以前における国民感情を強調して国語を重視することを批判し、自国語は第2言語であってラテン語の下位に立つものであったことを主張している。これは要するに過去に現代の感情を読み込まずに、過去をあるがままの姿で見ようとす

る philological な立場である。我々が中世の英語を具体的に、ということは、それを使っていた人々を含めて把握するためには、英語のみならず、中世イギリスで行なわれた言語、とりわけラテン語を研究の対象にすべきことを、今まで以上に主張しなければならない。philology と linguistics という問題もあるが、今述べたような領域にまで踏み込んで行かなければ到底国際的な水準の研究にはならない。さらに当時の言語にはインフォーマントが存在しないので、研究者自身がインフォーマントになる位のつもりで徹底的に研究しなければならない。このように philology には philology として非常に多くの問題があり、そういう研究を突き詰めた所で初めて linguistics に対する貢献をすることも出来るのであり、ただ材料を集めただけでは philology でもないと思う。

評者の質問に対する答え

1. Alfred から Wulfstan に続く主流に対し、Ælfric はそれから外れるものと位置づけられるか、ということであるが、私は、幾つかの語彙選択において Wulfstan が Alfred と一致し Ælfric はそれと異なると言ったので、前者が主流で後者がそれから外れるという大きなことを言ったのではない。研究の現段階ではそのようなことは明らかでない。Ælfric の英語散文史上に占める地位の重みは揺らぐものではない。

2. Wulfstan と Ælfric の統語法の体系的な比較研究がなされた場合に、語彙の場合と同様の結論に達するかという質問に対しては、今日までの所、両者の統語法の体系的な比較研究が出来るほど研究が進んでいないと答えざるを得ない。私が問題にしたのは語彙の選択であって、統語法の場合も、幾つかの語法の特徴的な選択ということはあっても、全体として大きな相違はないであろう。以下参考のために、断片的に両者の統語法上の相違点を拾い出してみよう。

関係代名詞については、複合関係詞は大げさで修辞的な文体に多いが、それが Ælfric ではかなりあるのに対して、Wulfstan には殆どない。他方単一関係詞 þe は Alfred 以来最も好まれたが、Wulfstan の方が Ælfric よりもややその比率が高い。[30]

形容詞では、呼び掛けに Alfred や Wulfstan では弱変化が一般的であ

るが、Ælfric では強変化で、þu/ge の後にのみ弱変化が用いられる。[31]
受動態にweorþanを使うことがWulfstanよりも Ælfricの方に多い。[32]

注

1. I. A. Gordon (1966), p. 35.
2. L. M. Reinsma (1977) の特に p. 398.
3. Angus McIntosh (1949), pp. 114, 116 を参照。
4. M. R. Godden (1978), p. 109.
5. Gernot Wieland (1981), p. 126.
6. F. C. Robinson (1975), p. 72.
7. Karl Jost (1950), pp. 155-56.
8. Dorothy Bethurum (1957), p. 54.
9. Hans Schabram (1965), p. 98.
10. Ibid., p. 40.
11. Elmar Seebold (1974), pp. 332-33.
12. Hans Schabram (1974), pp. 77-78.
13. Helmut Gneuss (1972), p. 79.
14. M. McC. Gatch (1977), p. 22.
15. Ibid., p. 11.
16. Mechthild Gretsch (1974), p. 149.
17. M. R. Godden (1980), p. 223.
18. 小野茂 (1984) の第 8 章「'Winchester' word としての undergytan」を参照。
19. この点については小野 (1984) の第 3 章「英語散文の連続性をめぐって」を参照。
20. R. W. Chambers (1932), p. xc.
21. Bella Millett (1983), p. 100.
22. I. A. Gordon (1966), p. 43.
23. Ibid., p. 9.
24. R. W. Chambers (1932), p. xcvii.
25. R. M. Wilson (1959), p. 493.
26. J. A. W. Bennett & G. V. Smithers (1968), p. 224.
27. Bella Millett (1983), p. 102.
28. Ibid., pp. 107-8.
29. V. H. Galbraith (1941), pp. 117-19.
30. Kirsti Kivimaa (1966), pp. 34, 37, 39 による。小野茂・中尾俊夫 (1980), p. 329 参照。
31. Otto Funke (1949) による。小野・中尾 (1980), p. 348 参照。
32. L. G. Frary (1929), pp. 35-49 及び Georg Kurtz (1931), pp. 37-57 による。小野・中尾 (1980), p. 391 参照。

参考文献

Bennett, J. A. W. & G. V. Smithers (eds.) (1968). *Ealy Middle English Verse and Prose*, Second Edition. Oxford: Clarendon Press.

Bethurum, Dorothy (1932). "The Form of Ælfric's *Lives of the Saints*", *Studies in Philology*, 29, 515-33.

Bethurum, Dorothy (ed.) (1957). *The Homilies of Wulfstan*. Oxford: Clarendon Press.

Chambers, R. W. (1932), *On the Continuity of English Prose from Alfred to More and his School*, An Extract from the Introduction to *N. Harpsfield's Life of Sir Thomas More*, ed. E. V. Hitchcock and R. W. Chambers. EETS. OS. 186.

Clark, Cecily (1966). "*Ancrene Wisse and Katherine Group*: A Lexical Divergence", *Neophilologus*, 50, 117-24.

Clark, Cecily (1977). "As Seint Austin Seith ..." *Medium Ævum*, 46, 212-18.

Frary, L. G. (1929). *Studies in the Syntax of the Old English Passive with Special Reference to the Use of* wesan *and* weorðan. Language Dissertations, 5. The Linguistic Society of America.

Funke, Otto (1949). "On the Use of the Attributive Adjective in OE Prose and Early ME", *English Studies*, 30, 151-56; rpt. in Otto Funke, *Gesammelte Aufsätze zur Anglistik und zur Sprachtheorie*. Schweizer Anglistische Arbeiten, 56. Bern: Francke, 1965, pp. 22-28.

Funke, Otto (1962). "Studien zur alliterierenden und rhythmierenden Prosa in der älteren altenglischen Homiletik", *Anglia*, 80, 9-36.

Galbraith, V. H. (1941). "Nationality and Language in Medieval England", *Transactions of the Royal Historical Society*, fourth series, 23, 113-28; rpt. in V. H. Galbraith, *Kings and Chroniclers: Essays in English Medieval History*. London: The Hambledon Press, 1982.

Gatch, M. McC. (1977). *Preaching and Theology in Anglo-Saxon England: Ælfric and Wulfstan*. Toronto: University of Toronto Press.

Gerould, G. H. (1924-5). "Abbot Ælfric's Rhythmic Prose", *Modern Philology*, 22, 353-66.

Gneuss, Helmut (1972). "The Origin of Standard Old English and Æthelwold's School at Winchester", *Anglo-Saxon England*, 1, 63-83.

Godden, M. R. (1978). "Aelfric and the Vernacular Prose Traditoin", P. E. Szarmach and B. F. Huppé (eds.), *The Old English Homily & its Backgrounds*. New York: State University of New York Press, pp. 99-117.

Godden, M. R. (ed.) (1979), *Ælfric's Catholic Homilies. The Second Series*. EETS. SS. 5.

Godden, M. R. (1980). "Ælfric's Changing Vocabulary", *English Studies*, 61, 206-23.

Gordon, I. A. (1966). *The Movement of English Prose*. London: Longmans.

Gretsch, Mechthild (1974), "Æthelwold's Translation of the *Regula Sancti Benedicti* and its Latin Exemplar", *Anglo-Saxon England*, 3, 125-51.

Jost, Karl (1950). *Wulfstanstudien*. Schweizer Anglistische Arbeiten, 23. Bern: Francke.

Kivimaa, Kirsti (1966), Þe and Þat as *Clause Connectives in Early Middle English with Especial Consideration of the Emergence of the Pleonastic* Þat. Commentationes Humanarum Litterarum, 39, 1. Helsinki: Societas Scientiarum Fennica.

Kurtz, Georg (1931). *Die Passivumschreibungen im Englischen*. Breslau Dissertation.

Lipp, F. R. (1969). "Ælfric's Old English Prose Style", *Studies in Philology*, 66, 689-718.

McIntosh, Angus (1949), "Wulfstan's Prose", Sir Israel Gollancz Lecture for 1948. *Proceedings of the British Academy*, 35, 109-42.

Millett, Bella (1983), "*Hali Meiðhad, Sawles Warde* and the Continuity of English Prose". E. G. Stanley & Douglas Gray (eds.), *Five Hundred Years of Words and Sounds for E. J. Dobson*. Cam-bridge: D. S. Brewer, pp. 100-8.

Needham, G. I. (ed.) (1966). *Aelfric: Lives of Three English Saints*. Methuen's Old English Library. London: Methuen.

小野　茂 (1984)『英語史の諸問題』東京：南雲堂

小野　茂・中尾俊夫 (1980)『英語史 I』英語学大系 8. 東京：大修館

Pope, J. C. (ed.) (1967). *Homilies of Ælfric: A Supplementary Collection*. Vol. I. EETS. OS. 259.

Reinsma, L. M. (1977). "Rhetoric in England: The Age of Aelfric, 970-1020", *Communication Monographs*, 44, 390-403.

Robinson, F. C. (1975). "Anglo-Saxon Studies: Present State and Future Prospects", *Mediaevalia*, 1, 62-77.

Schabram, Hans (1965). *Superbia: Studien zum altenglischen Wortschatz*. I. *Die dialektale und zeitliche Verbreitung des Wortguts*. München: Fink.

Schabram, Hans (1974), "AE. *Wlanc* und Ableitungen: Vorarbeiten zu einer wortgeschichtlichen Studie", P. G. Buchloh et al. (eds.), *Studien zur englischen und amerikanischen Sprache und Literatur: Festschrift für Helmut Papajewski*. Kieler Beiträge zur Anglistik und Amerikanistik, 10. Neumünster: Wachholtz, pp. 70-88.

Seebold, Elmar (1974). "Die ae. Entsprechungen von lat. *sapiens* und *prudens:* eine Untersuchung über die mundartliche Gliederung der ae. Literatur", *Anglia*, 92, 291-333.

Skeat, W. W. (ed.) (1881-1900). *Aelfric's Lives of Saints*. EETS. OS. 76, 83, 94, 114.

Wieland, Gernot (1981). "*Geminus Stilus:* Studies in Anglo-Latin Hagiography", M. W. Herren (ed.), *Insular Latin Studies: Papers on Latin Texts and Manuscripts of the British Isles: 550-1066*. Papers in Mediaeval Studies, 1. Toronto: Pontifical Institute of Mediaeval Studies, pp. 113-33.

Wilson, R. M. (1959), "On the Continuity of English Prose", *Mélanges de Linguistique et de Philologie: Fernand Mossé in Memoriam*. Paris: Didier, pp. 486-94.

小野　茂氏発表へのコメント

山　川　喜久男

　小野氏は、英語史研究における文体論として、主として対象を中世紀英語すなわち OE と ME の時期の散文作品に限定し、(I) Ælfric と Wulfstan の散文文体、(II) Ælfric と Wulfstan の語彙、(III) 英語散文の連続性 (continuity) について考察を展開させている。まず (I) では、Ælfric も Wulfstan もともに中世ラテン修辞学からその文体技法を学び、どちらも rhythmical prose を書いたが、Ælfric はゆったりしたリズムの韻文的な文章を書いたのに対し、Wulfstan は激しいリズムから成る喚情的な文章を書いたと指摘する。特に Ælfric の場合、OE の韻文文体の特徴とラテン語の散文文体の特徴を合わせもつとする二重文体 (*geminus stilus*) 説を紹介し、さらにアングロ・ラテン語の影響に触れる。

　この Ælfric と Wulfstan の文体の相違を、(II) で語彙の面の考察によって掘り下げている。いくつかの語彙選択において Wulfstan は一時代前の Alfred と同じであるが、Ælfric とは異なっている。このように Ælfric と Wulfstan の語彙の相違には、両者の個人的気質の相違とともに、Ælfric が Winchester Group に属し、大修道院長の地位にあったのに対し、Wulfstan は大司教や司教を務めて、その用語が直接に会衆に語りかけるのに適した口語調の濃いものであったという社会的要因も考えられるという。

　つぎに (III) の文体の連続性という重要問題では、散文では Gordon のいう話し言葉を基調とする実用の散文が Alfred 以来維持されている

という洞察は注目すべきであるが、韻文（および韻文的散文）の場合には、内的ないし外的要因の個別的影響が大きく、概論しがたい性質のものであると説く。特に Chambers が英語散文史上で中枢の位置に据えた *Ancrene Riwle* についてその統語的特徴の点などに見られる近代性から、散文文体中の系譜上特殊な地位を占めるべきであり、その文体には 12 世紀のラテン文学の影響が作用していることを指摘する。

　小野氏の論述は、英語史上における文体論は、結局各時代・各方言を代表するとみなされる作家や詩人の言語に対する内的および外的諸要因を考慮内に入れた個別的調査研究に立ち戻り、その上に比較考証が積み重ねられるべきであるという基本課題を、中枢的な具体面を考察することによって、明らかにしている。一方、論述中に、特定の作家や詩人の言語や一時期・一方言の言語における、たとえば統語法の研究は、それが言語の一レベルの研究である限り、一般性を帯びざるをえないものであるのに対し、文体研究は個別性を特徴とすると述べているが、これは問題の核心に触れたきわめて示唆的な発言と思われる。

　全般に、小野氏が 1920 年代に始まり 1980 年代に至る多数の欧米の文献学者・英文学者および中世史学者の著書論文中の見解を克明に、そして秩序立てて参照しながら、見事に論考を展開させている周到ぶりと手際よさは印象的であった。

　最後に、語彙の面で、Alfred から Wulfstan へと連なる系列に対し、Ælfric はその流れからはずれるもののように考えられるが、このことは統語法の面についても言えるものであろうかという論評者の質問に対し、小野氏は、関係詞の形態・形容詞の弱変化・受動態などの例を引いて、Ælfric と Wulfstan の間に統語法上の相違が認められると回答されたことを付言しておく。

(1985 年)

5

中英語研究の諸問題

まえがき

　本章は、1972年7月15日に東京教育大学で行なわれた中世英文学談話会における発表に基づいたものである。以下述べる話の筋道はその際のものとほぼ同様であるが、内容はそれより詳しくなり、自由に手が加えられ、またその後の考えによって変更された点もある。

　上記談話会の開催校の幹事であった中尾俊夫氏から、ほぼ表題のような話をするように求められた時に、自分が適任であるとは考えられず、躊躇した。しかしこの機会に、日頃考えたり感じたりしていることを取り上げて、曲りなりにも話の筋道を立て、少なくとも今後の自分の仕事に役立たせることができればと思って承諾した。

　このようなわけであるから、本章は特定の問題についての研究ではないことを、あらかじめ断っておかなければならない。特に、取り上げた問題は、個人的な関心によって制約されており、これまでに発表した拙論を材料にした場合が少なくない。そこで、便宜のために、以下において言及する拙論を発表順にあげておく（なお本文で言及する時には「小野（1968）」のように略記する）。

(1)　1968「言語・文体・写本—Chaucer の場合—」『英語青年』7月号、pp. 456-7 及び 461 [『英語史の諸問題』（南雲堂）第10章]

(2)　1969a『英語法助動詞の発達』研究社

(3)　1969b "Chaucer's Variants and What They Tell Us—Fluctuation

in the Use of Modal Auxiliaries," *Studies in English Literature*, English Number, pp. 51-74 ［上掲書第 12 章］
(4)　1970「再建とリアリズム」『英語青年』8 月号、pp. 446-7 ［同書第 1 章］

　本章では identity（各時期の言語の同一性あるいは正体）、generalization（個々の作家あるいは作品の言語を材料にしてある時期の言語の一般的傾向を把えようとすること）、individual speech（個々の作家あるいは作品の言語を便宜的にこう呼ぶことにする）の順で話を進めるが、どのようにしてこういう問題に関心を持つようになったかについて、上記のリストと関連づけながら、簡単に述べておきたい。
　(2) は最も早く、1955 年から 1965 年の間に発表した 6 編の論文を基にして、それに手を加えたものである。そこでは、個々の作家あるいは作品の言語、すなわち individual speech、から出発しながら、発達の概要を把握すること、すなわち generalization、を志向していた。しかし一般化を行なってみると、個々の作家あるいは作品の言語は必ずしも一般的傾向と一致せず、しかも重要な作家あるいは作品（ここで「重要な」というのは、歴史的研究の上で豊富な資料を提供するという意味である）にそういう問題が起こることが少なくないことがわかるのである。つまり generalization は個々の資料からの最大公約数のようなもので、その過程において切り捨てや均一化が行なわれている。このようにして generalization に対する individual speech の問題が生ずる。
　Individual speech の問題を一歩進めることに、一つのきっかけを与えたのは、日本英文学会第 39 会大会（1967 年、於東北学院大学）におけるシンポウジアム「英語における Modal Auxiliaries の発達について」（司会　松浪　有、講師　忍足欣四郎（古英語）、小野　茂（中英語）、寺澤芳雄（初期近代英語））である。そこで中英語を受持った私は、Chaucer を扱ったが、その際に Chaucer によって中英語を代表させて、中英語の一般的傾向の理解に役立たせようとする（generalization）と同時に、Chaucer の言葉（individual speech）の性格にも関心を持った。すなわち、Chaucer の言葉の個性を理解しなければ、それを中英語一般

の理解に役立たせることはできないと思ったのである。このような individual speech への関心から、一方ではジャンルや文体に注意を払う必要を感じ、他方では後代の編者によって校訂される以前の写本に注目し、同一作品の多種の異本の間にみられる variants を考慮する必要を感じた。(1) はこれらのことの概要を Chaucer について述べたものであり、(3) は写本における variants を詳しく扱ったものである。ジャンルや文体については、その一部を (1) で扱ったが、詳しくは上掲書第11章において述べた。

つぎに歴史的研究においては、異なる時期の言語を比較し、それらを積み重ねるという作業が行なわれるが、その場合に、比較され積み重ねられる言語の正体が問題であり、それらの間に同一性があることが理想である。しかし残存する文献の性質（特に方言的片寄り）によって、この identity の問題は、決して理想通りには行かない。このことについて比較言語学の方法を参考にして考察を試みたのが (4) である。

以上関心の動きに従って略述したが、以下においては、一般的な問題から始めて細かい問題に及ぶという方法を取って、identity, generalization, individual speech の順に話を進めたいと思う。

Identity

私は英語における法助動詞の発達をたどろうとした時に、幾つかのテクストを選んで調査し、それから帰納して、発達の概要を把握しようと努めた（小野 (1969a)）。その際に選ばれたテクストの種類と数は、対象となった助動詞によって異なるが、最も少ない場合でも、つぎのものは含まれている。すなわち *Beowulf, The Anglo-Saxon Chronicle, The Ancrene Riwle*, Chaucer の *The Canterbury Tales*, Malory の作品の一部である。このようなテクストの選択は、まとまった分量の資料を提供するという利点もあって、発達の大要を知るための第一段階としてはやむを得ず、また問題の性質によってはかなり有効である。しかし古英語では West Saxon 方言を主体とした *Beowulf*、初期中英語では Southwestern または Southwest Midland の *Ancrene Riwle* (Cotton Nero A. xiv, British Library)、後期中英語ではロンドンの Chaucer というふうに並

べると、言語の同一性（identity）が失われていることがわかる。すなわち Chaucer の英語は *Beowulf* の英語の発達したものではなく、それらは方言が異なるのである。また、Angus McIntosh や M. L. Samuels の研究（A. McIntosh, "A New Approach to Middle English Dialectology," *English Studies* 44 (1963), pp. 1-11 および M. L. Samuels, "Some Applications of Middle English Dialectology," *English Studies* 44 (1963), pp. 81-94. Roger Lass (ed.), *Approaches to English Historical Linguistics*. New York, 1969 の pp. 392-403 および pp. 404-418 に収録。特に後者が重要）が示すように、Chaucer の英語がそのまま近代標準英語に発達したのではない。したがって *Beowulf*（あるいは West Saxon 方言の代表としての Alfred 時代の英語）で古英語を、Chaucer で中英語を代表させて、それに近代標準英語を続けて、英語史を述べるということは、三つの異なる方言を時間の軸に沿って並べたジグザグな歴史ということになる。このような歴史的叙述は、むしろごく当然のこととして、広く行なわれている。最近の例を挙げれば、Elizabeth Closs Traugott は *A History of English Syntax* (New York, etc., 1972) において、古英語の代表として "Alfredian" prose を、後期中英語の代表として Chaucer の散文と *Paston Letters* を、初期近代英語の代表として Shakespeare, Nashe および Deloney の散文を取り上げている。

　このように「通常の英語史においては、変化の担い手の identity が十分に守られていない。たとえば West Saxon 方言を中心に OE を説明し、Chaucer を中心に ME を説明してその間の変化を論じるということは、identity を無視していることになる。この両者の間には、時間的前後関係はなく、むしろ時代は異なるが、並立的（collateral）な関係がある。…OE では West Saxon 方言以外の文献はきわめて少なく、ME 末期に抬頭し始めた標準英語の源は West Saxon 方言ではない。したがって、過去の共時態を再建し、変化の担い手の identity を保つためには、ただ data に密着した記述からは決して十分な成果が得られないことは明白である。そこで言語変化の研究は、僅かな資料から generalize して共時態を再建し、その間の比較を行なうことになる。」（小野 (1970), p. 446）

変化の担い手の identity を保ち、データの不充分な部分あるいはデータを欠いた部分については再建という繰作を行なうという方法をとる、いわば比較言語学で用いられる方法を利用する歴史を「言語学的言語史」(linguistic history of language) と言うならば、identity が保たれると否とにかかわらず、伝承された限りの文献における事実を記述してそれを積み重ねるという方法をとる歴史は「文献学的言語史」(philological history of language) と言うことができるであろう (なお従来の英語史が identity の点で不充分である、つまり上述のような意味の文献に残った古英語、近代英語が同一言語であると "assume" しているということについては、H. M. Hoenigswald が Pennsylvania 大学における講義 "Introduction to Historical and Comparative Linguistics" (1970, Spring term) で触れたことを付記しておく)。

Generalization

"In short, *one must beware of making generalizations about 'the English language' on the basis of a sprinkling of texts*, since the relationship between what has survived and the over-all 'language' of the community which fostered it is not constant from one text to another nor from one generation to another." (R. B. Le Page, "The Study of the English Language" in Angus Ross (ed.), *English: An Outline for the Intending Student*. London, 1971, pp. 78 f.; イタリック体筆者)

これは特に中英語に関連して述べられているのであるが、ここに言われているように、特に中英語については、「中英語では…」というような概括的な述べ方が危険であることはいまさら言うまでもない。同様のことを Charles Jones はつぎのように述べている。

"Fortunately, the sources for Middle English data are considerably more numerous than those for Old English, so that any predictive theory set up for the former can be the subject of a greater degree of testing and verification. Nevertheless, it will still be inadvisable, regardless of the relatively "complete" nature of the data, to make predictions that will be true for Middle English as a whole, since *a general, homogeneous Middle*

English cannot be said to exist." (*An Introduction to Middle English*. New York, 1972, p. 16; イタリック体筆者) これは当然のことであるが、それが実際にどういう所に現われているかを、具体的な例について観察したいと思う。

R. M. Wilson は "On the Continuity of English Prose" (*Mélanges de linguistique et de philologie. Fernand Mossé in memoriam*. Paris, 1959, pp. 486-494) で、*Ancrene Riwle* (Cotton Nero A. xiv) における語順と、同時代の幾つかの作品における語順とを比較している。まず独立文における Inversion (語順転倒) の比率は *Hali Meiðhad* 27.4 %, *Seinte Marherete* 23.6 %, *Ancrene Riwle* 14.5 %であって、*Ancrene Riwle* における Inversion の頻度が低い。つぎに動詞が主語の直後に来る場合 (SV-、動詞が主語と接触しているので contact と呼び、C と略す)、動詞が主語から離れて文の中間に来る場合 (S-V-、medial と呼び、M と略す)、動詞が末尾に来る場合 (S-V、final と呼び、F と略す) の三つの間の比率 (%) を独立文と従節にわけてみるとつぎの通りである。(作品の略記は HM = *Hali Meiðhad*, SM = *Seinte Marherete*, AR = *Ancrene Riwle*)

	独立文			従節		
	HM	SM	AR	HM	SM	AR
C.	79.2	77.2	87.4	64.1	65.6	86.3
M.	19.0	19.8	11.7	14.2	13.0	5.7
F.	1.8	3.0	0.9	21.5	21.5	7.8

この調査 (ここではその一部を示したのみであって、実際にはこのほか数種類のテクストからの調査結果も示されている) から知られる *Ancrene Riwle* と他の作品との相違に着目して、R. M. Wilson は "It would seem that in at least two points, in the Lack of inversion and in the position of the verb in dependent clauses, *the Ancrene Riwle stands apart from the contemporary prose*. Whether this is due to French influence, to the influence of the spoken language, or whether both are involved, is a question that still needs investigation; as also whether these two points are isolated or *whether there are other respects in which the prose of the Ancrene Riwle differs from its contemporaries.*" (p.493; イタリック体筆者) と述べている。

それでは語順以外にも *Ancrene Riwle* が同時代の散文と異なる点があるであろうか。この作品の infinitive の形態がその一例であると思う。

助動詞 *ought* は近代標準英語では *to*-infinitive を伴う。古英語ではその前身である *āgan* (*āhte*) が infinitive を伴う用法は少なかったが、infinitive を伴う場合にはその形態は *tō*-infinitive がふつうであった (Eduard Mätzner, *Englische Grammatik.* III. Berlin, 1885³, p. 6 および Morgan Callaway, Jr., *The Infinitive in Anglo-Saxon.* Washington, 1913, pp. 80f. 参照)。これに対して中英語では *owen* (*ouhte*) の伴う infinitive には *to*-infinitive, *for to*-infinitive および simple infinitive の3種があった。初期中英語の *Trinity Homilies* (*c*1200, South-East Midland) では *to*-infinitive 25, *for to*-infinitive 0, simple infinitive 6 であり、*Ancrene Riwle* (Cotton Nero A. xiv) では *to*-infinitive 20, *for to*-infinitive 25, simple infinitive 15 である (小野 (1969a), p. 211)。すなわち *Trinity Homilies* では古英語から近代標準英語に至る一般的傾向に近いのに対して、*Ancrene Riwle* では *for to*-infinitive の方が *to*-infinitive よりも多く、simple infinitive の頻度もかなり高い。これは *owen* (*ouhte*) に伴う場合だけでなく、infinitive 全体についても言えることである。Hermann Sanders (*Der syntaktische Gebrauch des Infinitivs im Frühmittelenglischen.* Kieler Studien zur englischen Phililogie 7. Heidelberg, 1915, p. 27) によれば、初期中英語の諸方言のテクストの大多数において、*to*-infinitive の方が *for to*-infinitive より相当に高い頻度を示している (小野 (1969a), p. 272 参照)。「これに対して *Ancren Riwle* における用法は正反対である。ここでは *for to*-infinitive は単純不定詞よりも、またさらに *to*-infinitive よりもはるかにしばしば、しかも不定詞を用い得るすべての位置に、用いられている。」("Gerade umgekehrt ist dagegen der Gebrauch in der Ancren Riwle. Der Infinitiv mit *for to* wird hier weit häufiger als der reine und auch der *to*-Infinitiv gebraucht, und zwar in allen den Infinitiv offenen Stellungen." Helmut Bock, "Studien zum präpositionalen Infinitiv und Akkusativ mit dem *To*-Infinitiv," *Anglia* 55 (1931), pp. 114-249 の p. 189)

このように初期中英語の代表的作品としてしばしば利用される *Ancren Riwle* は、infinitive の点では、古英語以来の英語史の一般的傾向に反するのみならず、それと同時代の初期中英語の一般的傾向にも反しているのである。そして後者の点で、上述した語順における傾向と一致している。R. M. Wilson は "The prose of the *Ancrene Riwle* may well have a much closer affinity with the modern prose, though this remains to be proved." ("On the Continuity of English Prose," p. 487) と言い、語順が同時代の散文と異なることの原因として、フランス語の影響や話し言葉の影響に触れている（上記 p. 493 からの引用を参照）。同時代の散文とくらべて *Ancrene Riwle* の散文が近代の散文に近いということは、少なくとも語順については言えそうであり、R. M. Wilson が指摘しているように、今後に残された問題である（ついでながら、助動詞 *must* の前身である *mot* (*moste*) は、古くは "be permitted, may" の意味の方が "be obliged, must" の意味より多かった。*Trinity Homilies* (*c*1200) では前者が 12、後者が 4 であって古い傾向がみられるが、*Ancrene Riwle* では前者が 13、後者が 39 で、この点でははるかに近代に近い（もっとも語形の上では現在形がほとんどであるから、その点では近代とは異なる）。このことは一層詳しい調査を必要とするが、今述べた問題と関連させて考えるべきことであるかもしれない。なお *mot* に関しては小野 (1969a) の第 2 章参照）。しかし同時代の散文と異なるといっても、それが近代に近い性格を示すもののみではないようである。*for to*-infinitive の方が *to*-infinitive や simple infinitive よりも多いということはその例であって、近代の標準語では *for to*-infinitive はふつう用いられないのであるから、別の説明が求められる。*Ancrene Riwle* の方言および近代の方言における *for to*-infinitive の分布などから考えて、*for to*-infinitive が *Ancrene Riwle* に多いことの原因は方言にあるのではないかと思われる（小野 (1969a), pp. 274-5 参照）。藤原　博氏によれば *for to*-infinitive は *Ancrene Wisse* (Corpus Christi College, Cambridge

402) よりも *Ancrene Riwle* (Cotton Nero A. xiv) の方に多く、氏はこれを方言差によると考える (「ME における England の North-East-Midlands の文献に見られる Infinitive について」*Heron* 1 (1966), pp. 136-143 の p. 143)。Arne Zettersten によれば、幾つかの点で *Ancrene Wisse* (C.C.C.C.) は Anglian 方言からの発達を示し、*Ancrene Riwle* (Nero) は West Saxon 方言からの発達を示していて、これが後者に "a decidedly more southern character" を与えている (*Studies in the Dialect and Vocabulary of the Ancrene Riwle*. Lund Studies in English 34. Lund, 1965, p. 294)。ついでながら、*for to*-infinitive と何等かの関係があると思われる前置詞または接続詞としての *for to , vort, uort* などがしばしば *Ancrene Riwle* に用いられているが, これは M. L. Samuels によれば中英語の South および South-West の特徴である (*Linguistic Evolution*. Cambridge, 1972, pp. 102-3)。このように *Ancrene Riwle* (Nero) は方言の上で (また R. M. Wilson が言うように恐らく文体の上でも) 注意を要する作品であり、近代標準英語との関連では *Ancrene Wisse* (C.C.C.C.) を取り上げる方がよいと思われる。

つぎに Chaucer の場合はどうであろうか。*The Canterbury Tales* (Robinson 版) において *oughte* (*owen*) が伴う infinitive は *to*-infinitive 16, *for to*-infinitive 3, simple infinitive 59 である。Chaucer の全作品でも *to*-infinitive 46, *for to*-infinitive 6, simple infinitive 139 で、simple infinitive がきわめて多い。韻文と散文を区別してみると次表のようである。

	韻　文	%	散　文	%	合　計	%
to-inf.	19	17.6	27	32.5	46	24.1
for to-inf.	5	4.6	1	1.2	6	3.1
simple inf.	84	77.8	55	66.3	139	72.8
合　　計	108		83		191	

韻文の場合の方が simple infinitive の比率がやや高いが、simple infinitive が最も多いことは散文でも同じである。Hermann Sanders によれば、初期中英語では *owen* (*oughte*) が prepositional infinitive を伴

う例 107 に対して、simple infinitive を伴う例は 36 である (*Der syntaktische Gebrauch des Infinitivs im Frühmittelenglischen*, p. 52)。Langland の *Piers the Plowman* では simple infinitive を伴う例は二つのみである (Wilhelm Wandschneider, *Zur Syntax des Verbs in Langley's Vision of William concerning Piers Plowman*. Diss. Kiel, 1887, p. 30)。また Malory (Vinaver 版 pp. 1-363, Caxton 版 Bks. I-VII) では simple infinitive はなく、*to*-infinitive 13, *for to*-infinitive 1 である。従って Chaucer は一般的傾向からかけ離れている。

このように初期および後期中英語の代表的作品である *Ancrene Riwle* と Chaucer の言語には、一般的傾向からかけ離れた点がみられる。従って代表的であるからという理由で、*Ancrene Riwle* と Chaucer の作品をつなぐならば、それによって、言語の identity が失われると同時に、これらによって、それぞれ初期中英語および後期中英語についての generalization を行なうことは危険であると言わなければならない。

なお上述のように、Chaucer の場合、infinitive の種類に関する限り、韻文と散文の間の相違は小さいのであるが、"The material, it must be admitted, is rather limited in scope; yet it is sufficient to suggest that the use of the infinitive with *to* as against that of the simple infinitive was much more extensive than one might expect in the light of treatises based on poetical works of the period." (Anja Kaartinen and T. F. Mustanoja, "The Use of the Infinitive in *A Book of London English 1384-1425*," *Neuphilologische Mitteilungen* LIX (1958), pp. 179-92 の p. 192) という報告を考慮に入れると、Chaucer の韻文はもとより、その散文も、文書や日常的な散文とは異なる点があるであろう。その意味で、詩の言語 (die Sprache der Versdichtungen) と対比して文書の言語 (die Urkundensprache) の素描を試みた Herbert Koziol の "Zur Syntax der englischen Urkundensprache des 14. und 15. Jahrhunderts," *Anglia* 62 (1938), pp. 100-115 のような研究が継承され発展されるべきであろう。

Individual speech
i. Style

前節で、個々の作家あるいは作品の言語と、その研究成果から出発した generalization との関係を考察したが、それでは、個々の作家あるいは作品の言語—今これを仮りに "individual speech" と呼ぶ—は一括して扱うことができるであろうか、またそうしてよいであろうか。ここで未来表現の助動詞 shall と will を材料にして考えてみようと思う。

中英語（および初期近代英語）における未来表現に用いられる助動詞としての shall と will について、Georg Fridén はつぎのように述べている。

"In contrast to biblical learned writings, the popular speech—as far as it can be traced in literature—seems to have favoured the use of *will*. In Wycliffe's time *will* expressing futurity was more common in popular satires and lyrics than in religious and didactic works. According to Blackburn, the cases of *will* approach in number those of *shall* in popular poems, but in more formal narrative writings *shall* is found four times as often as *will*.

As stated above, scholars have realized that the use of future auxiliaries in Chaucer differs from that in Wycliffe, but instead of ascribing this to the different styles of the two authors, they assume that Chaucer was guided by the same rules as in PE. It is evident that such conclusions are incorrrect." (*Studies on the Tenses of the English Verb from Chaucer to Shakespeare with Special Reference to the Late Sixteenth Century*. Essays and Studies on English Language and Literature II, Uppsala, 1948, pp. 136-7)

この点については T. F. Mustanoja も同意見で、"In the Bible and other religious writings, for example, the use of *shall* is predominant.... The proper region of *will* seems to be popular style." (*A Middle English Syntax*, Part I. Helsinki, 1960, p. 490) と言っている。この考え方によると、大体の傾向として、biblical, religious, didactic, formal style には shall が多く、popular style には will が多いということになる。

今 Chaucer の *The Canterbury Tales* について考えてみると、Charles Muscatine が "Like the portraits in the *General Prologue*, the tales themselves vary in style." (*Chaucer and the French Tradition*. Berkeley and Los Angeles, 1957, p. 173) と言い、また別の所で "If the whole of *The Canterbury Tales* can be said to have a single style, that style has within it an extraordinary variety, which derives from the great range of Chaucer's themes and the way in which his style supports or expresses them." ("*The Canterbury Tales:* style of the man and style of the work," in D. S. Brewer (ed.), *Chaucer and Chaucerians*. London and Edinburgh, 1966, pp. 88-113 の p. 88) と述べているように、その style はきわめて多様である。この多様性は shall と will の分布にどのように反映しているであろうか。

助動詞 *shall* と *will* は、Chaucer においてはまだ、原義に近くて modal な要素が強い場合が多く、純粋未来を表わす場合を判然と区別することはできない。また以下のように、物語別に扱う場合には、あまり細かい用法の分類を行なっては、各下位区分に配分される例の数が少なくなって、統計上の意味が失われる。そこでここでは一切用法の分類を行なわずに、全く客観的に *shall* と *will* の頻度を比べてみることにする。また全体にわたる詳細な報告は、まえがきにも記したように、別の所にゆずることにする。そしてここでは特に問題になる点に絞って、Charles Muscatine のあげている三つの style を示す物語について調べてみる。すなわち conventional style (*The Knight's Tale, The Clerk's Tale*) と naturalistic style (*The Reeve's Tale, The Wife of Bath's Prologue, The Canon's Yeoman's Tale*) と mixed style (*The Miller's Tale, The Merchant's Tale, The Nun's Priest's Tale*) の三つである (*Chaucer and the French Tradition*, Ch. VI)。なおこれに didactic style を示す二つの散文物語 *The Tale of Melibee* と *The Parson's Tale* を加える。

つぎの表は上記の物語別に、*shall* と *will* の実数を示し、括弧内に両者の比率をパーセントで示したものである。なお Robinson 版によると、*The Canterbury Tales* 全体では *shall* は 986、*will* は 761 で、両者

の比率は 56.4 %：43.6 % で shall の方がやや多い。

	shall	will	style
Total	986 (56.4 %)	761 (43.6 %)	
Knight's Tale	68 (53.5)	59 (46.5)	CONVENTIONAL STYLE
Clerk's Tale	27 (38.0)	44 (62.0)	
Reeve's Tale	16 (48.5)	17 (51.5)	NATURALISTIC STYLE
Wife of Bath's Prologue	32 (40.0)	48 (60.0)	
Canon's Yeoman's Tale	38 (48.1)	41 (51.9)	
Miller's Tale	30 (52.6)	27 (47.4)	MIXED STYLE
Merchant's Tale	45 (52.9)	40 (47.1)	
Nun's Priest's Tale	18 (51.4)	17 (48.6)	
Tale of Melibee	147 (72.4)	56 (27.6)	DIDACTIC STYLE (Prose)
Parson's Tale	237 (76.5)	73 (23.5)	

この表でみると、The Canterbury Tales 全体では shall の方が will よりやや多い。Conventional style においては、Clerk's Tale では will が多いが、Knight's Tale ではやや shall が多くて The Canterbury Tales 全体における比率に近い。Naturalistic style ではいずれも will の方が多く、特に Wife of Bath's Prologue において著しい。Mixed style では、偶然三つの物語の比率がほとんど同じで、いずれも shall がわずかに多い。最後に didactic style では、二つの物語のいずれにおいても、shall が will よりはるかに多く、説教的、教訓的な物語の性格を反映している。この事実は popular (naturalistic) style では will が多く、religious, didactic style（ここでは二つとも散文）では shall が多いという Georg Fridén や T. F. Mustanoja の説明とほぼ一致する。

Conventional style の代表である Knight's Tale では shall の方がやや多く、naturalistic style では will の方が多いが、mixed style では両者の中間である。Miller's Tale は Reeve's Tale と対になっていて、共に naturalistic な印象を与えるが、"There is nothing in the fabliau tradition that dictated the introduction of courtly conventionalism in the Miller's Tale" (Charles Muscatine, Chaucer and the French Tradition, p. 230) と

言われるように、naturalistic な fabliau に conventional style が加わっている——すなわち mixed style が用いられている。この点については E. T. Donaldson のつぎの言葉が参考になる。

"... it (i. e. popular poetic idiom) reinforces the connection between the Miller's Tale and the Knight's truly courtly romance that the Miller's Tale is intended to 'quite' (to repay); for it emphasizes the parallelism between the two different, though somehow similar, love-rivalries, one involving two young knights in remote Athens, the other two young clerks in contemporary Oxford. And in so far as it does this, it tends to turn the tale into a parody of all courtly romance, the ideals of which are subjected to the harshly naturalistic criticism of the fabliau." ("Idiom of Popular Poetry in the Miller's Tale," in *Speaking of Chaucer*. London, 1970, pp. 13-29 の p. 29)

すなわち *Miller's Tale* は courtly romance である *Knight's Tale* へのパロディーになっていて、fabliau に courtly conventionalism が導入され、mixed style になっているという見方が示されているわけである。言葉の上の一つの局面にすぎないにしても、この二つの物語における *shall* と *will* の比率がきわめて近似していることは、両者間の style のある面での共通性と無関係とは言えないであろう。あるいはこのことを確認しておくことは、これらの物語（の関係）を理解する上に、むだではないであろう。

ここでは一つの問題を取り上げたにすぎないが、これだけからでも一人の作家の言語においても—また特に *The Canterbury Tales* のように種々の性格を持った物語からなる作品の場合には、一昨品の場合でも——一括して扱うことはできないということがわかる。ジャンルの相違や韻文と散文の相違ばかりではない。*The Canterbury Tales* の場合などは、個々の物語の内容、語り方などが関係する。また *General Prologue, Wife of Bath's Prologue* および *Tales* を除いた Links (2390 行)、すなわち物語間のつなぎの役割を果たしていて、各物語の語り手と Host などの間のやり取りなどを含む部分では、*shall* 70 (42.9%), *will* 93 (57.1%) であって、naturalistic style に近い比率を示しており、これも全体

とは別に扱った方がよいことを暗示している。言語表現が物語の内容や性格に制約されることは当然のことである。特に選択可能な表現の場合にはこのことは一層明らかに現われると思われる。したがって The Canterbury Tales のような様々な性格の、そして様々な style を持つ物語からなる作品において、全体を一括して扱った場合と、物語別に扱った場合とでは、異なった結果が出るのは偶然ではないと思われる。客観的な方法によって得られた結果（たとえば統計のデータ）と、作品の内容や style の間に、何等かの並行関係がある場合には、それを偶然の一致として切り捨てずに、一つの問題として取り上げるべきであろう。（この節で扱った問題は小野（1968）でも簡単に述べたが、今回はそれにかなりの修正を加えた。）

ii. Manuscripts

上記の調査は Chaucer の作品の標準版とされている F. N. Robinson (ed.), *The Complete Works of Geoffrey Chaucer* (second edition, London, 1957) によって行なわれた。この版における *The Canterbury Tales* は、Ellesmere MS に基づいているが、この写本は原作の直接の写しではないと言われている ("Ellesmere as a whole, however, cannot be held to be a direct copy of the ultimate original." Robinson 版、p. 888)。Robinson 版は Ellesmere MS に基づいているが、写本そのままではなく、編者による校訂を経ている。編者の仕事について E. T. Donaldson は "the fact is that this branch of scholarly activity, which is often made to appear most austerely detached and objective, is almost wholly subjective." ("The Psychology of Editors of Middle English Texts," in *Speaking of Chaucer*, pp. 102-118 の p. 103) と言っている。これは極端な言い方であるとしても、Robinson 版が（ある時期における）Robinson の読み方であることは事実である。多くの場合種々の写本から、最も原作に近い、あるいは最もすぐれたと思われるテクストを編さんすることが、編者の目標であろう。しかし言語研究の場合には、校訂を経ないありのままの姿の写本が大きな価値を持っている。

The Canterbury Tales の写本は、断片も含めて、少なくとも 84 種あ

ると言われている (Robinson 版、p. 886)。これだけの写本の言葉がどういうものであるか、また写本によるならば、校訂された Robinson 版によった場合とどのような相違が生ずるかが問題になる。

　幸い J. M. Manly and Edith Rickert (eds.), *The Text of the Canterbury Tales* (8 vols., Chicago and London, 1940) にすべての写本の variant が記載されているので、これを利用することができる。ここで前節で扱った *shall, will* について、いずれか一つの写本にでも variant のある箇所を調べてみると、*shall* では Robinson 版における総数 986 に対して、variant のある箇所は 242 で 24.5％、*will* では 761 に対して 336 で 44.2％である。つまり variant の起こる頻度はかなり高いものだということがわかる。しかし個々の写本についてみれば、variant はこれ程多いものではない。最も variant の数の多い写本をみると、*shall, will* いずれの場合も Northumberland (Nl) という写本である。この写本の年代は 1450-70、方言は主に East Midland で、幾らか Northern の影響を示している。またこの写本には *The Canterbury Tales* の A 157-I 989 が含まれている。したがって完全ではない (*The Text of the Canterbury Tales*. Vol. 1, pp. 387 ff.)。この部分に相当する Robinson 版では、*shall* の総数は 37 減って 949 である。これに対して Nl で variant のある箇所は 45 で 4.75％に当たる。Robinson 版の *shall* に対する Nl の variant を多い順に挙げれば、*should* 38, *will* 4, *may* 2, *would* 1 である。*will* の場合は Nl に含まれている部分に相当する Robinson 版では、総数が 5 減って 756 であり、これに対して Nl で variant のある箇所は 21 で 2.78％に当たる。Robinson 版の *will* に対する Nl の variant は *would* 17, *shall* 3, *may* 1 である。個々の写本における variant の数は、最も多くてもこの程度であるから、大きいものではない。

　ここで注意しなければならないのは、Robinson 版の *shall, will* が、ある写本で他の語になっているからといって、その写本で *shall, will* がそれだけ減っているわけではないということである。他の助動詞の variant として *shall, will* が現われることがあるからである。Nl についてみると、*shall* は *should* の variant として 12 回、*will* の variant として 3 回、*may* の variant として 2 回、*ought* の variant として 1 回、合計

18 回現れる。そこで Robinson 版において Nl に含まれる部分（A 157-I 989）にみられる *shall* の総数 949 に対して、Nl で 45 は他の助動詞になっているが、その代わりに他の助動詞の variant として 18 回 *shall* が現われるので、結局 Nl における *shall* の数は 922 となる。（ただし Robinson 版で助動詞が使われている場合に限ったので、厳密な数ではない）。そこで Nl における *shall* の数は Robinson 版より 2.85％ 少ないことになる。つぎに *will* 場合は、Nl で *will* が *would* の variant として 21 回、*shall* の variant として 4 回、*may* の variant としてそれぞれ 1 回、合計 32 回現われる。そこで Robinson 版の Nl に当たる部分の *will* の総数 756 に対して、Nl で 21 は他の助動詞になっているが、その代わりに他の助動詞の variant として 32 回 *will* が現われるので、結局 Nl における *will* の数は 767 となり、Robinson 版より 1.46％ 多いことになる（これも厳密な数ではない）。

以上のことから *shall* と *will* の比率は Robinson 版全体で 986：761（56.4％：43.6％），Robinson 版の Nl に相当する部分（A 157-I 989）で 949：756（55.6％：44.4％）、Nl では（厳密ではないが）922：767（54.6％：45.4％）となって、Nl では Robinson 版よりも、*will* が僅かに多いことがわかる。

このように Robinson 版と写本との異同は数の上では大きくはなさそうであるが、その内容はどうであろうか。さきに Robinson 版における *shall* に対して Nl で *should, will, may would* が現れ、*will* に対して *would, shall, may* が現われることを指摘したが、このような variant は何を物語るのであろうか。このことについて詳しくは小野（1969b）にゆずって、ここではその結論のみを要約したいと思う。

a) Present *v.* preterite（現在形：過去形）

Robinson 版の *shall* に対する Nl の variant 45 のうち最も多いのは *should* 38 であり、*will* に対する variant 21 のうち最も多いのは *would* 17 であって、共にそれぞれの過去形である。逆に過去形 *should, would* の最も多い variant はそれぞれの現在形 *shall, will* である。これはその他の助動詞についても大体言えることである。これは過去形が現在を表わす modal な用法が相当に発達しており、また史的現在がしばしば用

いられていたために、現在形と過去形が交換可能な場合が少なくなかったことによると思われる。たとえば "In habit maad with chastitee and shame Ye wommen *shul* apparaille yow," quod he (III 342-3) に対して多くの写本で *should* が用いられているが、これは modal preterite である。"A! sire, ye *sholde* be hende And curteys, as a man of youre estaat..." (III 1286-7) に対して variant として *shall* が現われるのは上の逆である。また Men seyde eek that Arcite *shal* nat dye; He *shal* been heeled of his maladye. (I 2705-6) に対して *shulde* となっている写本が多いが、その方が時制の一致の点からは適切である。Chaucer ではこのような時制の交替は頻出し、史的現在とも関係する。

　b) The overlapping of meanings（意味の重なり合い）

shall の variant として *will*, *will* の variant として *shall* がかなりしばしば現われる。また同じことが *can* と *may* の間にもみられる。これはこれらの語の意味に重なり合う部分があることを示すと思われる。たとえば certein we *shal* yow teche That it is fair to have a wyf in pees (III 438-9) の *shal* の代わりに *wol* が現われ、as I best *kan* (III 478) の *kan* の代わりに *may* が現われる。

　c) The old and the new（古い語と新しい語）

Of remedies of love she knew per chaunce, For she *koude* of that art the old daunce. (I 475-6) の *koude* の代わりに *knewe* が用いられ、Bisechyng hym to doon hire that honour, That she *moste* han the Cristen folk to feeste (II 379-80) の *moste* の代わりに *might* が用いられるのは、*can* が不定詞以外の目的語を伴う用法と *moste* の "may" の意味を表わす用法が古い用法であったことを暗示していると考えられる。

　d) Confusion of forms（語形の混同）

中英語でしばしば混同された *can* と *gan*, *dar* と *thar* の間にみられる動揺である。たとえば Thus *kan* Fortune hir wheel governe and gye (VII 2397) の *kan* の代わりに *gan* が現われ、Thee *thar* namoore as in this cas travaille. (III 1365) の *thar* の代わりに *dar* が現われる。

　e) Compatibility with the context（文脈と矛盾しないこと）

as ye *shal* heere (I 2220) の *shal* の代わりに *may* が、また A bettre felawe *sholde* men noght fynde (I 648) の *sholde* の代わりに *myght* が、And syn I sal have neen amendement Agayn my los, I *will* have esement (I 4185-6) の *will* の代わりに *moste* が variant として用いられているが、助動詞の交替によって文の意味は変わっても、variant の使用はその文脈にとって必ずしも不都合ではない。

　Robinson 版が Robinson の読み方であるということから、進んだ研究のためには写本にさかのぼる必要があることは当然考えられるが、そのことによって一見派生的に、校訂本からは得られない結果をひき出すことができる。その場合、写本の言語すなわち Chaucer の言語と考えるのは早計であって、写本の制作年代および方言を明らかにすることが必要である。Chaucer の The Canterbury Tales の写本は 1400 年から 1500 年の間に制作されており（上に挙げた Nl は 1450-70）、方言も様々である（Nl は主として East Midland で幾らか Northern の影響を示す）。このような写本の性格、そしてそれを基にして、編者の考えによって選択された結果作り出された刊本の性格というものが、今日ふつうに読まれる Chaucer の言語の性格の根底にあることを忘れてはならない。

　以上 Individual speech の問題として、Chaucer における文体と写本について述べて来たが、Individual speech の問題はこれらだけにとどまらない。重要なことの一つに個人の異なる時期における言語の相違がある。Carleton Brown, "*Shul* and *Shal* in the Chaucer MSS.," *PMLA* XXVI (1911), pp. 6-30; Joseph Mersand, *Chaucer's Romance Vocabulary*. New York, 1937; Kirsti Kivimaa, *The Pleonastic* That *in Relative and Interrogative Constructions in Chaucer's Verse*. Commentationes Humanarum Litterarum. Societas Scientiarum Fennica, Vol. 39, Nr. 3, 1966, Helsinki; H. M. Smyser, "Chaucer's Use of *Gin* and *Do*," *Speculum* XLII (1967), pp. 68-83 などがこの問題に関連して思い出される。また Jan Svartvik and Randolph Quirk, "Types and Uses of Non-finite Clause in Chaucer," *English Studies* 51 (1970), pp. 393-411 も文体を考慮して、異なる時期の異なる文体の作品を比較している点で注目すべき研究であ

る。ここでは私自身の材料を持たないので、問題を指摘するにとどめたいと思う。

結　び

　過去における言語の状態および発達を明らかにしようとする歴史的研究においては、伝承された文献の量が方言によって異なり、各時期の主要な文献に方言の相違があって、それらを時間の流れに沿ってつなぎ合わせると言語の identity が失われるという結果になる。また方言のみならず、様々な要因によって、個々の作家あるいは作品の言語の性格はまちまちであるので、それらから generalization を行なうことは多くの危険を伴う。つぎに個々の作家あるいは作品の言語それ自体も必ずしも一括して扱うことはできない。たとえば *The Canterbury Tales* のように多様な文体の物語から成る作品は、文体に応じて分けて扱わなければならない。さらに（特に作者自身の原本が残存せず）種々の写本が残っている場合には、写本と刊本との関係も問題になり、また写本自体の性格と、歴史的研究におけるそれの価値も考える必要がある。

　このように考えると、個別化および分析の方向に進んで、袋小路に入って行くようであるが、まえがきにも記したように、私自身が、法助動詞の発達の大要を把握するために、個々の作家あるいは作品の言語から generalize するためには、individual speech の性格を明らかにすることが必要であると感じたのであり、それがおのずから文体や写本の問題につながったのである。したがって個別化・分析ということはそれ自身でも意味のあることであるが、それと同時に、一般化・綜合という目標に向かう一つの過程でもある。

　このような individual speech の記述を積み重ねるという方法をとる歴史を 83 頁で、「文献学的言語史」(philological history of language) と呼んだ。philological history は詳細な事実を明らかにするが、大きな歴史的展望を与えず、時にはそれを拒否することさえある。つまりそのままでは詳細な共時的記述にとどまり歴史にはなり得ない。これに対して「言語学的言語史」(linguistic history of language) は一般化・綜合を目指し、歴史的展望を与えようとし、説明的であろうとする。その点で

linguistic history は philological history の与え得ないものを提供するが、抽象化を経たものであることは認めなければならない。

"Biographical and anecdotal history, right at the bottom of the scale, is low-powered history, which is not intelligible in itself and only becomes so when it is transferred *en bloc* to a form of history of a higher power than itself; and the latter stands in the same relation to a class above it. It would, however, be a mistake to think that we progressively reconstitute a total history by dint of these dovetailings. For any gain on one side is offset by a loss on the other. Biographical and anecdotal history is the least explanatory; but it is the richest in point of information...This information is schematized, put in the background and finally done away with as one passes to histories of progressively greater 'power.' Consequently, depending on the level on which he places himself, the historian loses in information what he gains in comprehension or vice versa..." (Claude Lévi-Strauss, *The Savage Mind* (*La Pensée Sauvage*. Paris, 1962 の英訳), Chicago, 1966, p. 261)

大まかにみて、philological history は、この Lévi-Strauss からの引用文における biographical and anecdotal history つまり low-powered history に対応し、linguistic history は history of a higher power に対応すると言えるであろう。本章で述べたことは、言わば low-powered history の与える information から generalize して、high-powered history を目指す場合に起こる諸問題と言うことができる。その場合に、従来 individual speech の個別的な記述("biographical and anecdotal")にとどまったり、一般的な図式("schematized")を与えるにすぎないことが多く両者のかかわりに余り注意が払われていなかったと思われるので、具体例を挙げて述べたのである。

上記の引用に続いて Lévi-Strauss は言う。

"The historian's relative choice, with respect to each domain of history he gives up, is always confined to the choice between history which teaches us more and explains less, and history which explains more and teaches less. The only way he can avoid the dilemma is by getting outside history..." (*The Savage Mind*, p. 262)

　しかし歴史家としては、歴史の外に出て行くわけには行かないのであって、ディレンマを背負いながらも、もしそういうものがあり得るとすれば、"total history"（Lévi-Straussからのはじめの引用文中の言葉）に向かって模索しなければならないであろう。

(1974 年)

6

チョーサーの英語と写字生

　Chaucerの作品を書き写した写字生（scribes）について、B. A. Windeattは次のように述べている。

> Their reactions to the poetry they are transcribing are their equivalent of literary analysis, in that they can reveal to us exactly what the scribes found difficult and unusual in Chaucer's work.[1]

すなわち写字生による異文（variants）がChaucerの用語や統語法の難解と異常に対する写字生の反応を示す、いいかえれば、写字生は一層わかりやすい表現に置きかえている場合があり、その点で写字生は一種の批評家だというのである。

　ここでは話題を統語法に限ることにするが、Windeattによれば、Chaucerの詩の統語法にみられる異常性（unusualness）は、Chaucerの詩の異例な簡潔さと圧縮による所が大きいが[2]、以下Windeattの説明と幾つかの実例を挙げてみよう。

1. to introduce ... the implied verb, or the implied subject or object of the sentence, which the compactness of Chaucer's style has avoided[3]

すなわち省略された動詞、主語、目的語などを、写字生が補っている場合である。

(1) With herte soor to Troilus thus seyde (*Tr* III, 1421)
　…………………to Troilus þus she saide (D Ph R Cx)[4]
　（代名詞主語が補われている。）
(2) And it pronounced by the president (*Tr* IV, 213)
　……pronounsid was……………… (H4)
　（動詞が補われている。）
(3) To gete aȝeyn Criseyde, brighte of hewe (*Tr* V, 1573)
　………………Criseyde þat was bright of hewe (Ph)
　（関係代名詞と動詞が補われている。）

2. to revert to a more familiar word-order than Chaucer had originally given it ... the mss of Chaucer's works present numerous cases where the scribes react to the poet's departures from a more predictable English word-order [5]

すなわち写字生がChaucerの語順を当時のもっとふつうの語順に変えている場合である。
(4) He seith hym told is of a frend of his (*Tr* III, 796)
　He seith it is told hym of ... (Gg)
(5) Quod Pandarus, 'it tyme is that we wende (*Tr* III, 208)
　………………'it is tyme that… (A Cl D H3 R)
(6) Which that I neuere do shal eft for other (*Tr* III, 251)
　………………I shal neuere do………… (H2 H5 Ph)

3. Pervasively the scribes fill out the syntax of Chaucer's compressed lines, to the destruction of the syllabic content of those lines. ... The mss show innumerable instances where the scribe is moved to insert that relative pronoun which Chaucer's poetic style depends on omitting.[6]

すなわちChaucerの圧縮された詩行を写字生が補充する場合で、関係代名詞を補うことが多い。

(7) ffor ther is no thyng myghte hym bettre plese (*Tr* III, 886)
............................þat might................... (D H4)

4. in many lines scribes will clip the exceptionally fuller syntax that Chaucer requires[7]

逆に写字生の方が Chaucer の統語法を簡略にしている場合で、次の例では 5 つの写本（D H3 H4 S2 Cx）で that が省かれている。

(8) ȝet wist I neuere wel what that he mente (*Tr* III, 126)

Windeatt の論旨をたどりながら、写字生による異文の特徴をみて来たが、次の引用にみられるように、Windeatt は写本間の異動の多い場合をさらに列挙して、結論として、異文は Chaucer の "curious" style への写字生の反応を示していると述べる。

> But the mss frequently differ over the exact forms of verbs, especially the modal auxiliaries; over tenses; over dative verb constructions; over use of the infinitive with or without *to*; over use of the negative; over the singular or plural nature of nouns. In their many differences over details of expression the scribes diverge from their exemplar in ways which collectively give recorded form to their response to a very distinctive feature of Chaucer's "curious" style: its dependence on a fine precision with which grammatical form is dovetailed into accommodation with verse form. It is to the challenge for Chaucer's early readers of this precise poetic form that the blurring found to some varying extent in every ms bears contemporary witness.[8]

この引用文の始めに言及されている諸項目について、例を挙げて考えてみたいと思う。例は *The Canterbury Tales* と *Troilus and Criseyde* からとるが、前者のテクストは *The Riverside Chaucer* (1987) により、異文は Manly and Rickert (1940) による。後者のテクストおよび異文

は Windeatt (1984) による[9]。

5. 法助動詞

(a) 現在形対過去形

(9) In habit maad with chastitee and shame/Ye women *shul* apparaille yow (*CT* III, 343)
(*shuld* Bw Cn Dd Dl En[1] En[2] Ha[2] Ha[4] He Hk La *Lc* Ld[1] Ln *Mc* N1 Ps *Pw* Ra[2] Ry[1] *Ry*[2] Se Sl[1] To; *wol* Ds)

(10) if ȝe that ben his loue/*Shul* putte his lif al night in iupertie (*Tr* III, 877)
(*Sholde* D Gg H5 S2 Th)

(11) A! sire, ye *sholde* be hende/And curteys, as a man of youre estaat (*CT* III, 1286)
(*shull* Ds Hk Ht Ph[2] Py Ra[1] Ra[2] Ra[3] Si Sl[2] Tc[1])

(12) for no-thyng ellis is/But for the cause that we *sholden* twynne (*Tr* IV, 1270)
(*schullen* A Gg J Ph; *anon shal* H3; *shul* H4 Cx)

(9)、(10)では現在形に対して過去形の異文がみられ、(11)、(12)では過去形に対して現在形の異文がみられるが、これらにおける過去形は仮定法過去であって、現在時にかかわるので現在形と交替可能である。

(13) for as muche as *me moot* nedes like/Al that ȝow liste (*Tr* V, 1352)
(*me*] *I* C; Cx; H2 om./*moot*] *must* D Gg H2 H4 R)

(13)では me が I に変えられて非人称構文が人称構文になり、また仮定法過去形の現在用法である must が moot の異文になっている場合がある。15世紀には moot よりも現在用法の must の方がふつうになっていたことを示している。

(14) Em, syn I *most* on ȝow triste,/Loke al be wel and do now as ȝow liste. (*Tr* III, 587)
(*moste* Cp D; *mot* Gg H4; *must* H2 H5 Ph R Cx Th)

(14)の most について *The Riverside Chaucer* の *Tr* の編者 Stephen A. Barney は、

> Probably "must," though Root and Robinson take it as the adverb "most," an interpretation that, as Baugh notes, is supported by 2.247 and possibly by 3.916, where the construction is again ambiguous. In the present context, however, "must" is clearly preferable: Criseyde finds it useful to assert her dependency on her uncle.[10]

と述べて、"must" を支持している。異文の must は明らかに "must" であり、mot はその直説法現在形であるから、助動詞と解されていたことがわかる。

(b) 意味の重なり合い
 (15) as I best *kan* (*CT* III, 478)
   (*may* Cn En¹ Ha⁵ Ii Ne Se; He Nl)
 (16) As ferforth as my wit *kan* comprehende (*Tr* IV, 891)
   (*may* Cl D H3 R S1)
 (17) certein we *shal* yow teche/That it is fair to have a wyf in pees (*CT* III, 438)
   (*wol* b En¹ Fi Ii Ry¹ To)
 (18) And I my self *wol* therwith to hire gon (*Tr* II, 1009)
   (*schal* Gg H2 H3 H4 H5 J Ph R Cx Th)

(15)、(16)では kan の異文として同義的な may が現れ、(17)、(18)では未来にかかわる shal と wol が交替している。

(c) 古い語と新しい語
 (19) Bisechynge hym to doon hire that honour,/That she *moste* han the Cristen folk to feeste (*CT* II, 380)
   (*might* b Bo¹ Cn Ee En¹ Ha³ Ht Ii La Ln Ps Py Se S1² Tc¹ To; *may* Mc)

この例では moste は"might"の意味であるが、この語のこの用法は古くなっており、異文として might が用いられている。

(20) I, that haue in loue so ofte assayed/Greuances, oughte *konne* (*Tr* I, 647)

(*to conne* Λ; *come* Gg; *to know* H2 Ph; *knowe* H3)

(20)では Chaucer ではまれな konne の不定詞の異文として know が現れているほかに、oughte に続く単純不定詞の異文として to 付き不定詞が現れている。後者は後に取り上げる問題である。

(d) 語形の混同

(21) Thus *kan* Fortune his wheel governe and gye (*CT* VII, 2397)
(*gan* c Fi Ha³ᵃ Ii Ph² Pw Sl¹)

(22) as the book *kan* telle (*Tr* II, 104)
(*gan* A Dg H2 H3 Ph; *doth* H5; *tellith* Gg)

(23) ffor I it *gan*, I wol therto refere (*Tr* I, 266)
(*began* A Dg H2 H3 H5 Ph S2; *can* Gg R)

(21)、(22)には kan の異文として gan が現れるが、これは両語の混同によると思われる[11]。この混同は(23)における gan に対する異文 can にもみられる。(23)の異文 began はこの例における gan が具体的な意味を持つことを示している。

(24) Have thou ynogh, what *thar* thee reeche or care ...? (*CT* III, 329)
(*dar* Ad¹ b Bw Cn En¹ Hk Ii Ln Mc Mg Nl Ph³ Ra² Ra³ Ry² Sa Si Sl¹ Tc¹; *nede* Gl)

(25) he wol forbere/His ese which that hym *thar* nought for ȝow (*Tr* II, 1661)
(*hym*] *he* Cl Cx/*thar*] *dar* Dg Gg H5 Cx Th: *oght* H2 Ph)

(24)と(25)には thar と dar の混同がみられる[12]。thar に代わる nede は新しい語への交替、(**5**(c))の例である。(25)の thar に代わる oght が意味の重なり合い(**5**(b))の例であるか、文脈と矛盾しないこと(**5**(e))の例であるか、は thar の解釈('need' か 'ought' か)による。

hym の代わりに he が使われるのは非人称構文から人称構文への変化 (**7** 参照) の例である。

(e) 文脈と矛盾しないこと
(26) as ye *shal* heere (*CT* I, 2220)
(*may* Bw *En*³ Hk Ln)
(27) And syn I sal have neen amendement/Agayn my los, I *will* have esement (*CT* I, 4186)
(*shal En*¹ Hk Ps; *moste shape* Ha³)
(28) What womman *koude* louen swich a wrecche? (*Tr* I, 798)
(*wolde* Cl)
(29) And here-vp-on ȝe *may* answere hym sende (*Tr* IV, 894)
(*must* Cx)
(30) if that they *koude* (*Tr* V, 1337)
(*durst* S2 Th)

(26)〜(30) の例では異文に用いられた助動詞は例文のそれと同義的ではないが、それが置かれている文脈に矛盾しない。いいかえれば、それによって文の意味は多少変わるけれども、筋は通るということができる。すなわち (26) では as ye *shal* heere と as ye *may* heere では大きな相違はなく、(27) では意志を表す will よりも異文の shal の方が強く、(28) では koude に対して wolde では意志が表現される。(29) では may と must で意味は反対になるともいえるが、この文脈ではいずれも可能である。(30) では koude に対して durst には意志が入る。

6. 時制

5(a) を見よ。

7. 与格動詞構文

(31) *Us moste* putte oure good in aventure. (*CT* VIII, 946)

(*We moste En*³ Hk Ht To)

(32) She ... obeyed as *hire oughte* (*Tr* III, 581)
(*she* H5)

(33) *Us sholde* neyther lakken gold ne gere (*Tr* IV, 1523)
(*We schole* A Gg)

(34) for as muche as *me moot* nedes like/Al that ȝow liste (*Tr* V, 1352)
(*me*〕I Cl Cx; H2 om./*moot*〕must D Gg H2 H4 R)

これらはすべて非人称構文であり、異文として人称構文が用いられている。いずれの場合も当時、人称構文の方がふつうであったのでこれは当然期待されることである。

8. to 付き不定詞と単純不定詞

(35) And namelich in his counseil tellynge/That toucheth loue that *oughte ben* secree (*Tr* I, 744)
(*to be* Dg Gg H2 H3 H5 Ph S2 Cx)

(36) tho fond she right noughte/Of peril why she *ought* aferd *be* (*Tr* II, 606)
(*aferd to* H2 H4 H5 Ph R Cx; *for to be* Gg)

(37) Troilus wel vnderstod that she/Nas nought so kynde as that hire *oughte be* (*Tr* V, 1643)
(*hire*〕*she* H4/*be*〕*to be* D Gg H3 H4 Ph Sl S2 Cx)

Robinson の第2版によれば、Chaucer の全作品において、oughte が伴う不定詞は単純不定詞139、to 付き不定詞46、for to 付き不定詞6で、単純不定詞が最も多く、これは一般的傾向と異なっている[13]。(35)〜(37)の異文における to はそれを示している。(37)は非人称構文で、人称構文の異文がある点で§7の例にもなる。

9. 否定

(38)　So that he *nolde* speke of swich matere (*Tr* V, 951)
(no var.)

(39)　Diane, which that wroth was and in ire/ffor Grekis *nolde* don hire sacrifice (*Tr* V, 1465)
(*wolde not* Gg H4)

これらは単一否定であるが、(38)では異文がなく、(39)では縮約形に対して異文として非縮約形が現れる。

(40)　Now, Uncle myn, I *nyl* ȝow *nought* displese (*Tr* II, 146)
(*will* Dg H2 H3 H4 Ph R S2 Cx)

(41)　so *nold* I *nat* loue purchace (*Tr* II, 33)
(*nold*〕*wolde* Dg S2/*nat*〕A D H4 Ph Cx om.)

(42)　She *nyl* to *noon* swich wrecche as I been wonne (*Tr* I, 777)
(*nyl not* Cl; *will* Dg Gg H2 H5 R S2 Th)

(40)〜(42)にはいわゆる二重否定がみられるが、異文では nyl が will に、nold が wolde になって、二重否定が避けられている。これによって、すでに 15 世紀に二重否定の回避がみられていたことが推察される。

(43)　This *nyl* I *nought* forȝeten in *no* wise (*Tr* III, 55)
(*will* Dg H2 H4 Ph S1 S2 Cx；*wold* R)

(44)　*Ny nyl nought* rakle as forto greuen heere. (*Tr* III, 1642)
(*Ny*〕Cp H1 S1; *Ne* D; *I* R; rest *Ne I*/*nyl*〕*wil* Gg H3 H4 J R S2/*nought* H3 Cx om.)

(43)、(44)は三重否定の例であるが、異文で nyl が will に変えられて否定が一つ減っている場合がある。

(45)　*Ny* wol *nat*, certein, breken ȝoure defence (*Tr* III, 1299)
(*Ny*〕Cp H1 S1; *Ne* D; *Nor I* H5; *I* Cx; rest *Ne I*/*wol*〕*nyl* H5 S1 S2 Cx/*nat* Cp Cl H1 H5 R S1 S2 Cx om.)

(45)では異文で縮約形の ny が避けられて nor I、ne I などがみられるが、(44)にも同様の場合がある。縮約形の回避は(39)以下にしばしばみられるが、これは歴史的変化の方向を示している。

(46) If it so were hire Em *ne wolde* cesse/ffor Troilus vp-on hire forto presse (*Tr* II, 692)

(*wold noght* Dg Gg H5 S2; *nold* H2 Ph Cx)

(46)の ne wolde から wold noght への交替は否定表現の発達と一致している。

以上のような例をみると、先に引用した Windeatt の言葉にもあるように、Chaucer は厳密な詩形に文法形式を適合させたということがいえると同時に、Chaucer の言葉自体が、異文は15世紀の写字生のものであるということを考慮してもなお、保守的なものではなかったかと考えられる。それについては次の M. L. Samuels の言葉が参考になる。

Chaucer must ... have used what was, for the London of his time, a more formal, possibly more archaic register, yet one which was well known and familiar because it partly coincided with the more conservative dialects of the neighbouring rural areas.[14]

このように Chaucer の言語を研究する場合には、詩の言語としての特性と同時にその保守性という性格にも注意を払わねばならない。写字生による異文はこれらの特質の幾らかを明らかにしてくれるが、詩人 Chaucer の言語の研究のためには写本ごとの研究が必要であり、そのファクシミリおよびコンコーダンスがあれば便利である。英語史における Chaucer の位置づけも、このような研究によってはじめて明らかになる。しかし(14)の例で most が助動詞とも副詞とも解釈できたように、語形にしても機械的に決定できない場合がある。このような場合には、読者、研究者の読みが問題になる。従ってコンコーダンスはすべての例を明らかにしてくれる点で便利であるが、どこまでも補助手段であって、テクストの読み、解釈が根底にあるべきだといわなければならない。

注

1. B. A. Windeatt (1979), p. 121.
2. *Ibid*., p. 133.
3. *Ibid*., p. 134.
4. 以下の例で、*Tr* のテクスト異文および写本の略記は B. A. Windeatt 版（1984）による。
5. Windeatt, (1979)., p. 136.
6. *Ibid*., pp. 138-139.
7. *Ibid*., p. 139.
8. *Ibid*., p. 140.
9. *The Canterbury Tales* の異文については、拙論 "Chaucer's Variants and What They Tell Us—Fluctuation in the Use of Modal Auxiliaries—," *Studies in English Literature*, English Number 1969, pp. 51-74（*On Early English Syntax and Vocabulary*［Tokyo: Nan'un-do, 1989］, pp. 91-121 に再録。）日本語版「Chaucer の異文とそれが教えること―法助動詞の用法の揺れ―」『英語史の諸問題』［（東京：南雲堂、1984）、pp. 227-57］による。
10. *The Riverside Chaucer*, p. 1039.
11. *MED* s. v. *can* ("A peculiar variant of *gan*, p. of *ginne*; chiefly N & NM.") および s. v. *ginnen*, 3b ("Cp. The weak auxiliary *can*, a blend which has forms of *connen*, senses of *ginnen*.") を見よ。
12. *MED durren* ("In both meaning and form, there is much confusion with *thurven*") および *thurven* ("In both forms and meaning, there is considerable confusion with ME *durren*") 参照。
13. 拙著『英語法助動詞の発達』（東京：研究社、1969、1982³)、pp. 216-19 参照。
14. M.L. Samuels, "Chaucerian Final -E," *Notes and Queries*, 217 (1972), pp. 445-448 の p. 446.

参考文献 （刊行年代順）

1. 刊本

Root, Robert Kilburn (ed.) (1926), *The Book of Troilus and Criseyde by Geoffrey Chaucer*. Edited from all the known Manuscripts. Princeton: Princeton University Press.

Manly, John Matthews and Edith Rickert (eds.) (1940), *The Text of the Canterbury Tales*. In eight Volumes. Chicago and London: The University of Chicago Press.

Robinson, Fred Norris (ed.) (1957), *The Works of Geoffrey Chaucer*. Second edition. Boston: Houghton Mifflin Company and London: Oxford University Press.

Windeatt, Barry Alexander (ed.) (1984), *Geoffrey Chauscer, Troilus & Criseyde: A New Edition of 'The Book of Troilus'*. London and New York: Longman Group Limited.

Benson, Larry Dean (general editor) (1987), *The Riverside Chaucer*. Third editon. Based on *The Works of Geoffrey Chaucer* edited by Fred Norris Robinson. Boston: Houghton Mifflin Company.

2. 研究書・論文

小野茂（1969、1983）『英語法助動詞の発達』東京、研究社。

Ono, Shigeru (1969) "Chaucer's Variants and What They Tell Us—Fluctuation in the Use of

Modal Auxiliaries—", *Studies in English Literature*, English Number 1969, pp. 51-74. (Ono, Shigeru (1989). *On Early English Syntax and Vocabulary* (Tokyo: Nan'un-do), pp. 91-121 に再録。)

Samuels, Michael Louis (1972), "Chaucerian Final -E", *Notes and Queries* 217, pp. 445-448. 〔Smith, Jeremy J. (ed.), *The English of Chaucer and his contemporaries.* Aberdeen: Aberdeen University Press, pp. 7-12 に再録。〕

Windeatt, Barry Alexander (1979), "The Scribes as Chaucer's Early Critics." In: *Studies in the Age of Chaucer*, Volume 1. 1979, ed. Roy James Percy (Norman: The New Chaucer Society, The University of Oklahoma), pp. 119-141.

小野　茂（1984）『英語史の諸問題』東京、南雲堂。

(1989 年；2002 年改訂)

7

標準英語の発達 1300-1800

　1997年にケンブリッジ大学の Lucy Cavendish College で、標準英語の歴史を再検討するための International Conference of the Standardisation of English が開かれたが、その際のテーマの幾つかは1999年にロンドン大学、Senate House の Institute for Historical Research で、Centre for Metropolitan History 主催の Workshop on Social History and Sociolinguistics: Space and Process においてさらに進められた。ここで取り上げる *The Development of Standard English 1300-1800: Theories, Descriptions, Conflicts* (Cambridge UP, 2000. xi+236pp.) はこれらに基づいて、ケンブリッジ大学の University Lecturer in English Language で、*Sources of London English: Medieval Thames Vocabulary* (Oxford: Clarendon, 1996) の著者 Laura Wright が編集した論文集である。

　M. L. Samuels ('Some applications of Middle English dialectology,' *English Studies* 44 [1963], 81-94) によって提唱され、J. H. Fisher ('Chancery and the emergence of standard written English in the fifteenth century,' *Speculum* 52 [1977], 870-99) によって推進された説、すなわち標準英語は Central Midlands に由来し、大法官庁 (Chancery) によって広められたという考えがほぼ定説になっている。しかし Samuels は綴字に基づいており、それ以外の分野ではどうなのかを問うと共に、大法官庁というような単一の起源から発しているのかということを再検討するのが本論文集の目的である。

　標準英語発達の先行研究と問題点を挙げた後に本書の諸論文を要約し

た編者の Introduction に続いて、12 の論文が 6 編ずつ 2 部に分けて掲載されている。第 1 部は Theory and methodology: approaches to studying the standardisation of English と題され、理論的あるいはイデオロギー的な論議を中心としており、第 2 部 Processes of the standardisation of English ではコーパスを利用した個別的・実証的な研究が主になっている。

第 1 部の **1.** Jim Milroy, 'Historical description and the ideology of the standard language' は本書の基調をなすと言ってもよい。Milroy は標準化のイデオロギーが英語史研究に与えた影響について、それによって英語史が標準英語の発達であるかのような誤った像を与えていると言う。標準語とは高度に抽象化された理想であって、現実の特定の話し手の言語と一致するものではない。書き言葉に基づく理想像としての統一的言語はナショナリズムと深い関係を持っている。そのような言語の連続性が単線的な言語史を導き出している。例えば Wyld の記述しているものは現実ではなく理想化された英語であり、初期の変形文法家が「文法的」と言う場合にも同様である。標準語は本来書き言葉による広いコミュニケーションの必要から生じたものであるが、それが特に階級社会であるイギリスでは威信と結びつき、さらにナショナリズムにかかわることになる。歴史的社会言語学者として著書・論文の多い Milroy の発言には説得性があるが、標準英語の起源についての意見が十分に聞かれないのは残念である。

2. Richard J. Watts, 'Mythical strands in the ideology of prescriptivism' は、言語に対する規範的態度があってはじめて社会的シンボルとしての標準英語が生まれ、その際に影響力を持つのは公教育であるとして、規範のイデオロギーが明らかになるのは、連合王国としての 'national identity' を確立し、アメリカその他の植民地が獲得された 18 世紀前半とする。刺激的な論集 *Standard English: the Widening Debate* (London: Routledge, 1999) を Tony Bex と共編した Watts は標準語の問題を社会・経済・教育と関連づけて、ミクロのみならずマクロなレベルで考えることの必要を説いている。

3. Jonathan Hope, 'Rats, bats, sparrows and dogs: biology, linguistics and the nature of Standard English' は、標準英語の起源を単一の方言に求める考え方を 'single ancestor-dialect' hypothesis (the SAD hypothesis) と名付けてこれを批判し、この考え方はデータによって支持されず、言語の発達は生物の体系とは異なると言う。標準語の源は単一の方言ではなく、大法官庁標準語も標準語の唯一の源ではない。さらに標準語には威信や書き言葉の格式の意識があって、類型論的に不自然な構造や複雑な構造が選ばれる傾向がある。3人称単数現在形の語尾-s、2人称代名詞の単複同一、wh-疑問詞の中で what のみが単一関係詞にならないことなどである。注によれば本論文は 'a deliberately polemical paper' で、ほとんどすべてのデータを排除したとあるが、本文5ページの短い論文なので、データを省かない方がよかったのではないかと思う。

4. Raymond Hickery, 'Salience, stigma and standard' はアイルランド英語を対象としていて、それ自体としては興味深いが、標準英語の発達とは直接関係がないので省略する。

5. Gabriello Mazzon, 'The ideology of the standard and the development of Extraterritorial Englishes' はイングランド以外での英語を扱っている。アイルランド、スコットランド、アメリカ合衆国、カナダ、オーストラリア、ニュージーランド、南アフリカでは Extraterritorial English が第1言語で、インド、ナイジェリア、シンガポールなどでは第2言語（ESL＝English as a second language）である。第1言語の場合、特にアメリカ合衆国では、政治的独立と共にアメリカ英語が独自の変種として確立したが、第2言語の場合はそれと異なって、帝国主義的な戦略として押し付けられた。その結果、英語を用いることが新しい 'social marker' となり、英語は正式な学習によって広められた。そして第2言語としての新しい英語（'New Englishes'）は劣った変種と見られているのが実状である。

6. Derek Keene, 'Metropolitan values: migration, mobility and cultural norms, London 1100-1700' は標準英語形成におけるロンドンの役割を考察した歴史家からの注目すべき論考である。ロンドンは常にイングランド最大の都市であり、ノルマン征服から14世紀前半の間にロンドンの

人口の1パーセントから2パーセントに上昇し、1700年にはイングランドの住民の10人に1人はロンドンに住み、6人に1人はロンドンを訪れたことがある。他方マーシア王は成功を収めて、8～9世紀のロンドンはマーシア第一の都市であり、ウィンチェスターの文学語を採用したウェセックス王国がイングランドを統一した時ですら、ロンドンは第一の勢力として認められ、13世紀末にはほぼ近代的な意味での首都となり、中世後期にはロンドンの言語が他の地方でも採用されるようになった。Keeneは、実際の移住はきわめて複雑で十分に再建することは不可能であり、それよりも個人間の交渉が重要であると言い、標準英語の出現において、ロンドンは政治や権力の場であったことよりも、むしろコミュニケーションや交渉の機関として影響力を持っていたであろうと述べる。Ekwallが示唆しSamuelsが強調した14世紀におけるロンドンへの移住の想定が当然の如くに受け入れられている時に、本論文集唯一の歴史家からの発言は貴重である。

Processes of the standardization of Englishと題する第2部には、標準英語の起源よりも標準化の過程における具体的な現象についての、主にコーパスを利用した6編の研究が収められている。

7. Matri Rissanen, 'Standardisation and the language of early statutes' はこれまでの標準語形成の研究が主に綴字に集中していたが、その他の分野の研究も必用だと言って、統語法と語彙をHelsinki Corpusで調べ、これらの分野では法令の言語は綴字ほど標準化への影響は明らかではないとする。ここで扱われているのは（1）未来の助動詞（shall/will）の選択、（2）多重否定、（3）条件を表すprovided (that)、（4）hereafterの型の複合副詞である。法令の言語では（1）未来の助動詞にwillよりshallのほうが多く、（2）多重否定は他のタイプのテクストより少なくて後の用法の早いモデルを与えていると思われ、（3）provided (that) は法令の言語によって標準語に導入されたかも知れず、（4）複合副詞は法令には多いが、一般に用いられるのはthereafterだけになった。Rissanenが取り上げた事項は少ないが、綴字以外の領域に踏み込んだ意義は大きい。

8. Irma Taavitsainen, 'Scientific language and spelling standardisation

1375-1550' は Helsinki Corpus の Corpus of Early English Medical Writing を資料として、15 世紀の医学のテクストにおける綴字を調査し、科学的著作における Central Midland の綴字はこれまで証明されていた以上に重要で、ウィックリフ派の著作がこれをモデルにしたかもしれないと述べ、ロンドン英語における Central Midland の要素は従来移住によって説明されていたが、その他の要因が影響を与えたかも知れないと言う。ウィックリフ派の著作は密かに回読されていたので、それが科学的著作に影響を与えたとは思えないのに対して、医学的テクストはいっそう公的で実用的だという指摘もあり、本論文は綴字の標準化についての新たな課題を提出している。

9. Anneli Meurman-Solin, 'Change from above or from below? Mapping the *loci* of linguistic change in the history of Scottish English' は Helsinki Corpus of Older Scots (HCOS), 1450-1700 と Corpus of Scottish Correspondence (CSC), 1540-1800 を用いて、言語変化が上からか下からか、言い換えればエリート階級からか労働者階級からかを問いかける。スコットランドではさらに、標準スコットランド英語に向かう deanglicisation と標準英語に向かう descotticisation がある。結論としては、スコットランドでは行政・法律・政治・文化などの公的機関から私的領域への規範の普及が見られると言う。

10. Merja Kytö and Suzanne Romaine, 'Adjective comparison and standardisation processes in American and British English from 1620 to the present' は、Corpus of Early American English (1620-1720) と ARCHER (A Representative Corpus of Historical English Registers) を資料として、アメリカ英語とイギリス英語における屈折比較 (faster) と迂言比較 (more beautiful) および 2 重比較 (more richer) の標準化過程を調査したものである。その結果、分析的方向に向かうという予想に反して、現代英語では屈折型の方に向かう傾向があり、その傾向ではイギリス英語の方がアメリカ英語より進んでいることがわかった。この調査によると、20 世紀後半には迂言比較が増大する傾向があるという Barber、Fries、Potter などの主張は疑わしい。英米の各時期の様々なタイプのテクストにおける比較変化を、音節数によって分析し、その結果

を詳細な表によって示した本論文は、この種の研究のモデルということができ、それによって読者は再検証することが可能になる。英米の差がアメリカにおける 'colonial lag' と関係があるのか、両国における規範の伝統はどうかなど検討すべきことが多いのは、筆者たちの言うとおりである。

11. Susan Fitzmaurice, '*The Spectator*, the politics of social networks, and language standardization in eighteenth-century England' は、18世紀に規範文法家たちが Joseph Addison を中心とする *The Spectator* を標準英語のモデルとしたと述べる。これは当時 'politeness' がブルジョアのイデオロギーの一つとして重んじられたからで、その点で不評を買っていた William Congreve などの言葉遣いは、文法的規則を先取りしている場合にも避けられる傾向があった。Samuel Johnson の辞書が刊行され、多くの文法書が出版されて、正しい書き言葉を広めようとしたこの時代は、帝国主義的拡大の時代であって、政治と言語の関係を考えるのに最も興味深い時期の一つである。

12. Roger Lass, 'A branching *path*: low vowel lengthening and its friends in the emerging standard' は、主に統語法と形態論に集中している本書で、唯一もっぱら音韻を扱った論文で、RP（容認発音）、特に path/aː/ の普及を対象としている。Path の /aː/ は主として17世紀の /æ/ が18世紀に〔aː〕になって、19世紀後半に徐々に後退（retract）した。しかし bag の /æ/ の長音化は、moss の /o/ の長音化と同様に RP では確立していない。つまり同一の過程が一方では容認され、他方では烙印を押されるというわけである。

本書の目的は標準英語が Central Midland 方言から発達した大法官庁（Chancery）の書記によって広められたという定説を再検討することであった。結論としては、標準英語は1つの起源から発しているものではなく、様々なタイプのテクストから複雑な過程を経て生じたものだということになるだろう。しかし編者が Introduction の冒頭で提起している起源の再検討の問題は、本書では（歴史家 Keene の論文以外では）正面から扱われていない。起源に関する先行研究は本書の編者 Laura Wright の 'About the evolution of standard English,' Elizabeth M. Tyler and M. Jane Toswell (eds.), *Studies in English Language and Literature: 'Doubt Wisely', Papers in Honour of E. G. Stanley* (London: Routledge, 1996), 99-115 に詳しい。標準英語の起源については Samuels, Fisher などの唱える大法官庁標準語説が、今後もコーパスを利用した詳細な研究によって修正されることが望まれるが、少なくとも本書がその明確な解答を与えているとは言えない。

　恐らくイギリスで最初に標準語の意識が生まれたのは Alfred の時代であろう。同一の文書を広い地域に普及させるという、政治的・教育的目的があったに違いない。次に標準語が意識に上ったのは百年戦争の時代で、その根底には対仏ナショナリズムがある。それと同時に、重要な媒体としての印刷術の導入が考えられる。したがって標準語は常に書き言葉を中心とするものであるから、単に起源を問うことではすまされない。言い換えれば標準語は1つのイデオロギーであって、現実に存在するのは多様な言葉である。社会言語学的に見れば理想像である標準語が何を基準として選択するかは、時代・社会によって様々である。帝国主義的発展によって英語を第1言語とする地域、第2言語とする地域が生ずるが、それとイギリス本国の英語との関係が問題になる。最近一方では Tony Bex and Richard J. Watts (eds.), *Standard English: The Widening Debate* (London: Routledge, 1999) のようなイデオロギーを中心とする書物が、他方では Dieter Stein and Ingrid Tieken-Boon van Ostade (eds.), *Towards a Standard English 1600-1800* (Berlin: Mouton de Gruyter, 1994) というような研究書が目に付くのは、国際語（地球語）としての英語（David Crystal, *English as a global language* 〔Cambridge UP, 1997〕参照）が世界的な問題となっていることの反映と考えても良いだろう。それはおのずから日本における外国語としての英語のあり方にもつながることである。コーパスを利用した詳細な研究が積み重ねられると同時に、広い視野を持って標準英語の考察が続けられることを期待する。

(2001年)

8

トマス・ディルワース『新英語案内』(1740) の特徴

I. 著者の略歴と著作 [1]

　トマス・ディルワース (Thomas Dilworth [dílwə(:)θ]) の名は1740年に出版された『新英語案内』(*A New Guide to the English Tongue*, 以下 *New Guide* と略記) のみによって知られていると言ってもよい。*Dictionary of National Biography* には記載されていない。*Cambridge Bibliography of English Literature* の第2巻に *New Guide* が記されているが、第4巻の Index には Dilworth について *fl*.1740 とあるに過ぎない。Joseph Thomas 編の *Universal Pronouncing Dictionary of Biography and Mythology* (Philadelphia & London: J. B. Lippincott Company, 1915[4]) には 'an English school-teacher of Wapping, published several popular school-books, among which were an "Arithmetic" and a "Spelling Book." Died in 1780.' とある。"Spelling Book" というのは *New Guide* のことであろう。歿年が記されているが、それ以外の点では、*New Guide* から知られる事実をたいして出ていない。すなわち、*New Guide* の title page には 'AUTHOR of the SCHOOLMASTERS ASSISTANT; and *Schoolmaster* in *Wappin*' と記されている。*Schoolmasters Assistant* というのは *The Schoolmasters Assistant; Being a Compendium of Arithmetic, Both Practical and Theoretical* のことで、その第5版の広告が *New Guide* に載っている。上記 *Universal Pronouncing Dictionary of Biography and Mythology* の記事にある "Arithmetic" とはこれのことであろう。Dilworth は Wappin の学校 (Wappin-School)

121

の教師だったが、この Wapping はおそらく London の East End, the Tower の東方にある London Docks という地区の南側で、Thames 川北岸の地区 Wapping のことであろう。

　Dilworth の著書でわかっているのは、上記のとおり、*New Guide* と *The Schoolmasters Assistant* の 2 種である。*New Guide* の初版は 1740 年に London で Henry Kent によって印刷・出版された。(ただし *A Bibliography of the English Language from the Invention of Printing to the Year 1800*, Vol. IV, *Spelling Books* [Bradford, 1967] で、編者 R. C. Alston は No. 423 の *New Guide* の初版について 'The Preface is dated 1740 in subsequent editions. No copy located.' として〔1740？〕と疑問符をつ付けている。) R. C. Alston の *Bibliography* では、初版から 1800 年までの間に 126 点 (No. 423-No. 548) 記載されている。1800 年以後のリストで、版数の明記されているものでは 1814 年の 72 版 (London) が、年代のみでは 1822 年版 (Wilmington, U.S.) が最も新しい。しかし 1800 年以後には非常に多くの undated editions が出たということである。

　このように *New Guide* は、年代がはっきりしているものだけを見ても、80 年余りの間、多くの版を重ねたことになるが、注目すべきことは、アメリカでも広く行なわれていたことである。アメリカでの初版は 1747 年に Philadelphia で Benjamin Franklin によって出版された。(なお、A. G. Kennedy は *A Bibliography of Writings on the English Language from the Beginning of Printing to the End of 1922* [N. Y., 1927] の No. 5777a に、Philadelphia で B. Franklin が印刷・販売した著者不明の *A new and complete guide to the English tongue* [1740] について、Dilworth の *New Guide* の 'anonymous American edition' ではないかと言っている。これが正しければ、*New Guide* は初版出版と同年にアメリカでも出版されていたことになる。) アメリカでは 1747 年から 1792 年の間に少なくとも 36 版出ている。[2] アメリカにおける *New Guide* については 'The book which was most commonly used in American schools for elementary instruction in English before Webster's Grammatical Institute appeared was Thomas Dilworth's *Guide to the*

English Tongue, the work of an English schoolmaster which was often reprinted in America.' という G. P. Krapp の言葉[3]が簡潔に語っている。

　G. H. McKnight は、Thomas Dyche の *A Guide to the English Tongue* (London, 1710[2]) と Dilworth の *New Guide* は共に長い間影響力があったと言っている。[4] また 'Webster himself had been nourished upon it (= *New Guide*) in youth, and was sufficiently convinced of its merits to imitate it, even to the extent of lifting whole passages.' という H. L. Mencken の言葉[5]も示しているように、後には綴字改革を行なった Noah Webster (1758-1843) に対して大きな影響を与えたのである。Krapp からの引用にある Webster's Grammatical Institute とは、*A grammatical institute of the English language* のことである。これはアメリカでのこの種の本としては最初のもので、spelling book (1783)、grammar (1784)、reader (1785) の3部から成り、その第1部が *The American Spelling Book* として独立に出版され、版を重ねて、100年の間に8千部以上売られたという。[6] この Spelling Book も当初は構成、外観、方法の点で Dilworth のものに酷似していた。[7]

　A. G. Kennedy[8] によれば、Philadelphia で出版された John Owen の *The youth's instructor in the English tongue: or, A spelling book, containing more words and a greater variety of useful collections than any other books of this kind ...* (3rd ed. 1753) に、Dilworth の *New Guide* の第3部である A Practical English Grammar が付加されている。また R. C. Alston の *Bibliography* によれば、*New Guide* はロシア語に翻訳されて、1776年と1793年に St. Petersburg で印刷されたものが Leningrad の M. E. Soltykov-Schedrin Library に収められているということである。

II．本書の構成と内容

　本書の底本となったのは1751年 London 出版の第13版で、判は12mo、頁数は xiv+154pp. で、R. C. Alston の *Bibliography* に記載されている現存する最古の版、すなわち1744年 London 出版の第5版と同じ体裁である。

本書はⅠ.（音節数により配列した）単語表（pp. 1-76）、Ⅱ.同音異義語表（pp. 77-84）、Ⅲ.文法（pp. 85-126）、Ⅳ.散文および韻文の文集、寓話（pp. 127-150）、Ⅴ.祈禱文（pp. 151-154）の5部から成る。

初めに目次があり、その後に本書が Great Britain および Ireland の学校で用いられることを目標としていることが示されている。次に慈善学校の後援者に対して、貧しい子供たちを教育によって 'Slavery of Sin and Satan' から救うように努めていることを讃える著者の言葉が述べられ、それに続いて6頁に及ぶ序文がある。そこではまず宗教改革以来学問が盛んになり、無知が減ってきたが、正しい方法によって教えねばならないと説き、内容の説明に進む。第1部に関する記述が序文全体の半ば以上を占めており、文字、音節、語、そして綴字に著者の力点が置かれていることがうかがえる。単音節語（monosyllable）が英語に多いばかりでなく、それは多音節語の 'substantial part' であるから単音節語から始め、徐々に進んでいくと述べ、正しい方法による発音と綴字の教育を強調している。第3部の文法については、母国語を人にわかるように、文法の規則どおりに書けるようにするのが目的だと言い、同時に教師は生徒に *Spectator*, *Tatler*, *Guardian* のような 'the best English Authors' を読ませ、低級な新聞、くだらないパンフレット、みだらな芝居、汚い歌、下品な冗談を追放せよと言っている。最後に、文字の知識は神が人に与えた最大の祝福で、これによって知識を蓄えることができる等々という Dr. Watts[9] の言葉を引用しているが、その中で文字によってイギリス人がアメリカや日本の友人と交通できるというのは興味深い。序文の後に *New Guide* の推薦の詩文および推薦者のリストなどがある。

第1部

第1部（pp. 1-76）はアルファベット[10]に始まり、音節表に続いて単音節語から6音節語までの単語表と、（Table Ⅰ とⅡを除く）各表の後に先行の表の単語の音節数を超えない語から成る6つのレッスンがある。第1部が76頁、すなわち *New Guide* の半ば以上を占めていることは、本書の spelling book 的性格の濃いことを物語っている。単語の表

は、単音節の場合は語数の少ないものから多いものへと進み、2音節以上の場合は、アクセントの位置によって分けられている。レッスンの内容はまったく宗教的である。このような単語表とレッスンの後に、これも1音節から始まって6音節にいたる固有名詞（詳しくは人名・地名などの固有名詞、またはふつう大文字で始まる語）の表がある。

第2部

第2部（pp. 77-84）は同音異綴異義語すなわちhomophonesの表で、2ないし3（まれに4）語のhomophonesがアルファベット順に配列されている。

以上の第1部と第2部は当時のspelling bookにふつう見られるものであった。[11]

第3部

第3部は『実用英文法』('A Practical English Grammar')という表題が付いている。Dilworthのもののみならず、当時の英文典の構成・内容を扱う場合に、当該書だけを孤立して取り上げることは無意味と言ってもよい。それほどにそれらの成立には外からの強い影響があったのである。Henry Ⅷの時代にいわゆるLilyのラテン文典が標準的なものとされ、'The Grammar of King Henry the Eighth' とか 'Royal Grammar' とか呼ばれ、その後1640年には勅令によってこの文典以外のものを教科書として用いることは禁じられた。[12] この文典の現存する最古の版は1527年のものであるが、決定版とも言える重要な版は1566年のもので、[13] 最初の文典であるWilliam Bullokarの *Bref Grammar* (1586) はこれに基づいている。[14] Lilyの文典は1850年ごろまで改訂されながら版を重ね、英文典に大きな影響を与えた。[15] Dilworthの文法も例外ではなかった。それどころか、少なくとも語形論はきわめて忠実な祖述であったということができる。以下1566年版を参照しつつ *New Guide* の文法の部門を解説したいと思う。なおDilworthの文法はQuestion & Answerの形式で説明が行なわれている。

第1章 文法の定義・部門；正字法
 a) 文法の定義・部門「文法とは読み書きの学問、言い換えれば正し

くかつ統語法に従って書き、話す術である」('*Grammar* is the Science of Letters, or the Art of Writing and Speaking properly and syntactically.') というのが文法の定義であるが、これは「文法とは正しく書き、話す術である」(Grammatica est recte scribendi et loquendi ars.) というローマ以来の定義の名残である。[16] 文法は正字法（Orthography）, 韻律論（Prosody）, 類推論（Analogy）, 統語論（Syntax）の4部門に分けられる。韻律論（Prosody）は音の長さやアクセントを扱う部門である。類推論（Analogy）とは語形論（Accidence）のことで、ふつうは Etymology と呼ばれている。[17] この4部門は中世ラテン文典の Orthographia, Prosodia, Etymologia, Diasynthetica（＝Syntax）に相当する。

b）正字法（Orthography）。「正字法は文字の真の性格と音価、音節・語および文の正しい分割を教える」ここではまずアルファベットの各字の名称と発音が示される。アルファベットは今日と同じ26字だが、U と V の順が逆であり、この点 Lily の文典と同様である。[18] 次に文字が本来の音以外の音を表す場合が説かれ、続いて大文字と小文字の用い方の説明がある。文字は母音と子音に分けられるというが、「母音はそれ自身で十分かつ完全な音を与える文字である…」という定義はほぼ Lily と等しい。[19] 文字に続いて音節に入り、綴字あるいは音節分割（つまり分節法）の7つの規則が挙げられる。次に語・文の定義があり、句読点の詳しい解説がこれに続く。

第2章　韻律論（Prosody）

「韻律論は音節・語の、それらの正しい音量（Quantities）と声調（Tones）またはアクセントによる、真の発音を教える」音量とは音の長さで、長短の2種あり、声調またはアクセントとは音節における声の上昇または下降を指す。長（Long）（〔¯〕または〔^〕）、短（Short）〔˘〕、普通（Common）〔´〕、の3つのアクセントがある。長、短アクセントは音量と結局同じことになり、普通アクセントは強勢のことである。

第3章　類推論（Analogy）；名詞

「類推論は英語のすべての品詞を識別する方法を教える」つまり語形論に相当する。品詞には名詞、代名詞、動詞、分詞、副詞、接続詞、前置詞、間投詞の8つを認めるが、これは配列順も含めて Lily と同じである。[20]

名詞（Noun）には実名詞（Noun Substantive）と形容詞（Noun Adjective）がある。「実名詞は感覚あるいは理解力で知覚・了解し得る生物あるいはものの名称である。」実名詞は固有実詞と普通実詞に分かれる。名詞には数、格、性、人称、冠詞、曲用（Declension）および比較が属する。数には単数と複数がある。格には主格、属格、与格、対格、呼格、奪格の6つがある。これらも順序を含めて Lily と同じである。[21] 格の扱い方については曲用のところで述べる。性（Gender）は（自然の）性（Sex）に応ずる相違とされ、男性、女性、中性に分けられる。Dilworth は名詞に1、2、3の3つの人称を認めているが、その例はすべて人称代名詞と指示代名詞である。ただし、「I, Thou *or* You, We, Ye *or* You を除いてすべての名詞は3人称である」と述べているところを見ると代名詞を名詞に含めているようでもある。しかし代名詞は独立の品詞としているのだから一貫していない。ところが Lily には名詞の項に人称はなく、代名詞の項に人称があり、[22] その内容が Dilworth の名詞の項の人称の説明に類似している。そこでこれは代名詞の項に入るべきものと一応考えられる。当時の英文典で名詞について認められていた人称は、I *Paul* have written it. の *Paul* を1人称とし、*Robert*, who did this? のような呼びかけの名詞を2人称とするようなものであった。[23] そして「すべての名詞は3人称である」という Dilworth は、このような意味での名詞の人称は認めていないはずである。それにもかかわらず一般の組織に倣って人称の項を設けたために矛盾を示すことになったのではないかと思う。

次に冠詞を「実詞の格と意味をいっそうはっきりと特定的に表現するために実詞の前に置かれる語」として、名詞の中に含めるのはラテン文典に倣ったものである。冠詞が実詞の格をはっきりさせるという説明はまったく英語には即していない。

名詞の曲用では変化表が挙げられているが、主格 A Book，属格 Of a Book, 与格 To a Book, 対格 The Book, 呼格 O Book!, 奪格 From a Book の如くであって、ラテン語の格に相当する句を格と認めている。また man's のような形は第 11 章の語の派生のところで扱っている。

次に形容詞については「ものの性質あるいは様態を表す語である」という定義の後に、統語論に属する位置の問題（A *good* Boy. に対して a General, both *wise* and *valiant*; A Man *skilful* in Numbers）および実詞の形容詞的用法（a *Sea*-Fish）を扱う。次に比較変化であるが、比較し得る形容詞は「その意味が増加あるいは減少し得るすべて」であるという説明は Lily のものと酷似している。[24]

第 4 章　代名詞

「代名詞は名詞の代用をする品詞である」代名詞には数、格、人称、曲用がある。実詞的代名詞（I, thou, he, she, it など）と形容詞的代名詞（my, mine, … who, which, what, this, that, same, his-self など）に分けられるというが、この分け方はあまり適当ではない。Lily の分け方はこれとは違って、Primitives または Demonstratives（ego, tu, is など）、Relatives（hic, ille, qui など）、Derivatives（meus, tuus など）のごとくである。[25] 人称については名詞の項で述べたが、代名詞にも人称の説明はある。格は名詞の場合と同様に、格相当語句を含み、主格 I，属格 Of me，与格 To me，対格 Me，呼格「欠如」、奪格 From me の如くである。「his, hers, its および theirs は所有代名詞で、しばしば he, she, it および they の属格の代わりに用いられる」という注記があるが、形容詞的代名詞のリストに my, mine, thy, thine, our, ours, your, yours と 1, 2 人称のみあり、この注記は 3 人称のみについてであるのは不可解である。

第 5 章　動詞

a）種類。「動詞は I live のような状態（Being）、I love のような行為（Doing）、I am loved のような受動（Suffering）を示す品詞である。」このような 3 つのものを挙げている点では Lily の定義と同じである。[26] 次に動詞には能動（Active）、受動（Passive）、中間（Neuter）の 3 種類が

ある。能動動詞は I love him のように後に対格をとるもので他動詞に相当する。受動動詞は I am loved のような受動態の動詞で、中間動詞は状態（State *or* Being）、そして時に行為を表すが、後に名詞が来ないもので、自動詞に相当する。中間動詞は「時には I fight のように能動的に、時には I am sick のように受動的に表される」と言うが、これは英語だけを考えたのでは理解に苦しむところである。Lily の文典では、動詞には能動（Active）、受動（Passive）、中間（Neuter）、Deponent（Loquor uerbum 'I speak a word' のように r で終って意味は能動のもの）、Common（Osculor te 'I kiss thee', Osculor a te 'I am kissed of thee' のように r で終って能動にも受動にもなるもの）の 5 種類がある。能動動詞とは amo（I love）のように受動形（amor）になりうるもの（つまり他動詞）、受動動詞とは amor のように or で終る受動形である。中間動詞とは currro（I run）、sum（I am）などで、受動形にならないものである。そこで自動詞に相当する。Lily では中間動詞の説明に「そしてそれは英語では時には *Curro*, I run のように能動的に、また時には *Agroto*, I am sicke のように受動的に訳される」と述べられている。[27] これによればラテン語の curro, agroto が中間動詞、つまり自動詞なので、能動的、受動的というのはその意味に関することである。そして I run、I am sick はその英訳なのだから、それらを直ちに英語の中間動詞ということはできない。Dilworth の上の記述はラテン文典の影響によるゆがみの例と言うことができる。

b）法。 動詞には法、時制、数、人称が属する。法は「動詞がその意味を示す仕方」と定義される。法には直説法、命令法、願望法（Optative）、可能法（Potential）、仮定法（Subjunctive）、不定法（Infinitive）の 6 つがある。これは Lily とまったく同じであり、それぞれの法で挙げられている英語の例はラテン文典におけるラテン語に対する英訳と一致するところが極めて多い。[28] すなわち願望法は I wish I could read など、可能法は「力または力の欠如を示し、may, can, might, would, should, could, ought などの記号（sign）によって知られ」、I can work; John would play などに見られるという。また「仮定法は条件を表し、When I can love; If I may read などのように常に接続詞が付く」。

これらの英語に対するラテン語は動詞の屈折形である（願望法 Utinam amem 'I pray God I love'; 可能法 Amem 'I may or can love'; 仮定法 Cum amarem 'When I loved'）。ところが New Guide では if he love のような場合の屈折仮定法はまったく扱われていない。

　次に不定詞を法に入れることはやはりラテン文典のとおりで、その後も長く行なわれた。不定法はふつう to という記号で知られると述べられていて、原形不定詞への言及はない。

　c) 時制。　時制は「時の区別である。」時制には現在 (Present)，完了 (Preterperfect)，未来 (Future) の 3 つがあるが、完了 (Preterperfect) の外に未完了過去 (Preterimperfect) と過去完了 (Preterpluperfect) があり、[29] これに第 2 未来 (Second Future) を加えることができる。結局時制の数は 6 つになり、第 2 未来を除いて、Lily の場合と同一である。[30] そして法の場合と同様に、第 2 未来を除いて、ラテン語の屈折形に対応している。例を挙げれば、現在 I do read (lego)；完了 I did read (legi)；未完了過去 I have read (legebam)；過去完了 I had read (legeram)；未来 I shall or will read (legam)。Dilworth は shall または will を用いる未来を第 1 未来として 'a short Space of Time to come' を示すと言い、shall または will と hereafter を用いる未来を第 2 未来として 'a long Space of Time to come' を示すと言うが、これはまったく hereafter という副詞の有無による区別であって、文法的な区別としては不適当である。[31] またラテン文典にもこのような意味での第 2 未来はない。しかし Dilworth が hereafter を用いる表現を取り上げたことには、ラテン文典の影響があったのではないかと思われる。このことを暗示する材料として、次に Dilworth と Lily [32] の活用表の未来の部分を比較してみたい。動詞は Dilworth では educate、Lily からは doceo を選び、その英訳と共に挙げる。Dilworth では願望法と仮定法は省略されている。綴字は現代風に改める。

	Dilworth	Lily

能動動詞

		Dilworth	Lily
直説法	第1未来	I shall *or* will educate	未来 *Docebo* I shall *or* will teach
	第2未来	I shall or will educate hereafter	
可能法	第1未来	欠如	未来 *Docuero* I may *or* can teach hereafter
	第2未来	I may *or* can educate hereafter	
願望法		────	未来 *Docuero* God grant I teach hereafter
仮定法		────	未来 *Cum docuero* When I shall *or* will teach
不定法	第1未来	欠如	未来 *Docturum esse* To teach hereafter
	第2未来	To educate hereafter	

受動動詞

		Dilworth	Lily
直説法	第1未来	I shall *or* will be educated	未来 *Docebor* I shall *or* will be taught
	第2未来	I shall *or* will be educated hereafter	
可能法	第1未来	欠如	未来 *Doctus ero* vel *fuero* I may *or* can be taught hereafter
	第2未来	I may *or* can be educated hereafter	
願望法		────	未来 *Utinam doctus ero* vel *fuero* God grant I be taught hereafter
仮定法		────	未来 *Cum doctus ero* vel *fuero* When I shall *or* will be taught
不定法	第1未来	欠如	未来 *Doctum iri* vel *docendum esse* To be taught hereafter
	第2未来	to be educated hereafter	

　この表を見ると Lily の方では未来は1つで、訳語に hereafter があるのは shall または will が用いられていない、あるいは用いることができない場合である。言い換えれば未来を表す記号として、shall または will の代わりに hereafter が用いられていると考えられる。Dilworth が、shall または will が不可能な場合（上の表では可能法と不定法）に未来を2つに分けて第1未来を「欠如」(wanting) としているのは無意味である。また直説法の場合は2つの形式が可能なために2つの未来を認め、さらに意味を区別しているのであるが、本来ならば shall または will が可能な場合は、hereafter の形は不要なはずである。Dilworth はラテン文典に見られる英訳の2つの形式を模倣して、それをすべての場合に並立させ、さらに両者の間に意味の区別を設けるにいたったのだと想像されるのである。

d）数。ここでは動詞には単数と複数があって、動詞の数は主格の数によって知ることができると述べられているが、動詞の単数、複数の形態には触れていない。

e）人称。ここで人称（Person）というのは、1, 2, 3人称という場合のそれではない。動詞は人称動詞（Personals）と非人称動詞（Impersonals）に分けられる。人称動詞とは I, thou, he, she, we, ye, they がその前に来得るもので、非人称動詞とは it のみを許容するものである。It freezeth; It is hot などがその例である。この分け方もラテン文典に基づいている。[33] 非人称動詞には能動（It rains）と受動（It is warm）があるというが、これは第3部第5章 a の項で述べたと同様に意味上の区別である。

f）助動詞。（Helping Verbs）。[34] 今日助動詞と言われているものとほぼ一致する。この部分はラテン文典にはない。

第6章　分詞
分詞は動詞から派生した品詞で、動詞および形容詞に似ており、能動分詞と受動分詞があるというだけで、用法の説明はなく、また ing 形の動名詞への言及もない。

分詞の後に活用表がある。

第7章　副詞
「副詞は動詞の意味を明らかにしたり確定させたりするため、あるいは動詞を強調したり際立たせるために、ふつう動詞の前に置かれる品詞である」と定義されるが、Lily にも「動詞の意味を明らかにするために動詞に結びつけられる」と述べられている。[35] 定義の後に並べられた例の中に副詞句があること、how great, how many のような形容詞的なもの、O, Oh のような間投詞、I wish のような挿入句などがあることが目に付く。[36] 形容詞に ly をつける形成法に言及し、比較変化も述べているが、wisely, more wisely, very wisely と最上級に very が用いられている。

第8章　接続詞

「接続詞は語および文を結びつける品詞である」という定義は Lily のものと全く同じである。[37] 次に接続詞の多くの種類の中から主なものとして繋合 (Copulative), 離切 (Disjunctive), 起因 (Casual), 条件 (Conditional) の4つが挙げられ、その用法の説明と例がある。

第9章　前置詞

「前置詞は通常他の品詞の語の前に、離れて、あるいは結合して置かれ、その静止、変化、運動の仕方を意味する品詞である」という定義に続いて、他の語と離れている場合を同格 (Apposition)、他の語と結合している場合を複合 (Composition) と呼んでいる。前者の例は into Persia の into、後者の例は conclusion の con である。つまり複合の場合は接頭辞に相当する。Lily の定義にも Apposition, Composition という語が用いられている。[38] 以下同格の前置詞（句）および複合に用いられる前置詞の例が挙げられているが、後者は英語本来のもの、ラテン語から借用したもの、ギリシア語に由来するものの3つに分けて詳しく説明されている。

第10章　間投詞

「間投詞は何ら他の語の助けなしに、突然の感情を示す品詞である」という定義に続いて例が挙げられている。Lily の文典の語形論の部分（すなわち Colet の *aeditio*）はここで終っていて、次に統語論に入る。

第11章　語の派生 (Derivation)

この章ではまず of を用いないで作られる属格の 's が扱われ、続いて実詞派生動詞、形容詞派生動詞、動詞派生実詞、実詞派生形容詞が説明される。次に根源語 (Primitive) に接尾辞をつける派生が扱われる。最後に指小辞 (Diminutive) への言及があるが、-kin だけしか挙げられていない。

第12章　統語論

統語論とは「語を文の中で、正しい格、性、数、人称、法、時制そして位置、に置くことである」という定義から、その目的が正しい文を作ることにあることは明らかである。Lily 文典における統語論の表題も 'Guilelmi Lilij Angli Rudimenta to make latyn'『英国人 William Lily のラテン語作文入門』となっており、[39] 一致（Concord）と格を主体としていて、かなりの分量がある（Lily, XLV, pp. 56-74）が、Dilworth の場合は簡単で、格に関する記事が多い。まず Good Boys are not beaten. に対して Beaten not are Boys good. には syntax がないから理解できないだろうと言って、位置の重要性を教える。次に文には Simple Sentence（単文）と Compound Sentence があると言うが、Compound Sentence とは接続詞、関係詞、比較語によって結ばれた2つの単文のことで、後代の複文と重文を併せたものである。

　文の種類に続いて、格を中心とした説明がある。主格（語）に関して、その位置、動詞との数・人称の一致、実詞以外で主格語になり得るもの（不定詞、節）、主語が2つ以上の場合および衆多名詞の場合の動詞の数が扱われる。動詞の後に来る名詞の格として属格（Take Pity *of me*.）、与格（I gave a Book *to the Master*.）、対格（I love *my Master*.）が挙げられる。呼格に続いて奪格については、常に前置詞に支配されると述べられている（He took it *from me*. / He went *with you*.）。第3部第3章の項で見たように、格の扱い方はまったくラテン文典に基づいている。

第13章　転置（Transposition）

　転置とは「語の響きをいっそう耳に快くするために、語を本来の順位から移すこと」であって、Hyperbaton に相当する。[40] 言い換えれば語順転倒の一種である。

第14章　省略（Ellipsis）

　文中の語が省略される場合が7項目、文全体が省略される場合が1項目挙げられているが、1 の I bought the Books, which [Books] I read. や

5 の It is hard,〔i. e. a hard Thing〕to travel through the Snow. を省略と考えるのは適切でない。

　第15章　略語（Abbreviations）
　略語をアルファベット順に並べたリストである。「略語は、私用のためや、Mr.、Mrs. などのように完全に書くとこっけいな場合以外は、できるだけ避けるべきである」という注が付いている。

第4部
　第4部は目次の説明を借りれば「宗教的、道徳的、歴史的な散文および韻文の有益な文集」および寓話である。
第5部
　第5部は祈禱文集である。

III．本書の批評
　1. 一つには本書の内容・構成を十分に理解するためには、その背景となる事情、影響を与えたと思われる事柄を考慮に入れることが必要であると考えたために、また一つには、それぞれの事項に対してどのような背景なり影響なりがあったかを考えるには内容の解説と並行して行なうことが叙述上便利であるために、前章で、文法を扱う際に、当時のラテン文典として独占的な地位を占めていたいわゆる Lily の文典との比較を行なった。その結果 New Guide の解説に役立つところが多く、時には New Guide のみを見ていたのでは解決のつかない不可解な箇所の理解に資するところがあったと思う。Lily の文典が New Guide に与えたと考えられる影響が直接であったにせよ、間接であったにせよ、著しい類似のあることは否定できない。Lily の文典の背景がどういうものであったか、[41] また New Guide がそれに先行する英文典にどのような影響を受けたかは、[42] ここで取り上げる余裕はないが、ラテン文典の影響が著しいことは事実であり、そのことが本書に対する批評の主要な点になる。具体的に言えば、ラテン文典の組織に合致させようとしたために、英語の事実に即さない記述が諸所にあり、その明瞭な例は、格、

法、時制などの扱い方に見られる。

格の場合には、ラテン語の屈折形に対応する格相当句を挙げる。属格も、屈折形でなくofの付いた句が挙げられており、屈折形は語の派生の章で扱われている。統語法の章では、Take Pity of me. のような場合の of me を動詞に続く属格としている。代名詞の場合も同様で、of me の句が属格とされている。

法については、やはりラテン文典にある法をすべて認め、可能法、願望法、仮定法はすべて助動詞を用いた表現になっている。しかも英語に存在する仮定法の屈折形は挙げられていない。

時制の場合もラテン文典の写しであって、第3部第5章cの項ですでに述べたように、特に未来を第1未来と第2未来に分ける点で、そこから生じた不都合を示している。しかも Lily の文典にない未来完了はなく、またラテン語に無い進行形はまったく言及されていない。

2. ラテン文典の影響は品詞その他の術語の定義にも著しく現れている。8品詞そのものがラテン文典とまったく同じである。品詞などの定義でまず目に付くのは、すでに言い古されているように、一貫した基準がないことであり、また意味に基づく場合が多いことである。名詞、形容詞、動詞、(分詞)、間投詞は意味に、代名詞、接続詞は機能に、前置詞は位置に、副詞は位置と機能に基づいていて、形態に基づいているものはない。

3. 以上特に文法に関して、ラテン文典との関係で、一般的な問題について述べたが、以下幾つか気づいた点を挙げてみたいと思う。

a) 分節音素の取り扱いはまったく文字本位であり、正字法で扱われている。母音、子音の定義も「母音はそれ自身で十分かつ完全な音を与える文字である…」、「子音は母音なしでは発音され得ない文字である」のように文字に基づいている。2重母音、3重母音なども、母音字2つないし3つということである。第1部の単語表はすべてそのような考えに基づいている。したがって venison, victuals など3音節扱いだが、文字の上なので発音はこれだけからはわからない。ここに、文字重視という音声学発達以前の考え方と、spelling book という綴字教育という目標が一致して表れていると言うことができる。韻律論の部分も今日の目

から見れば不十分である。

　b）名詞、動詞の不規則変化がほとんど扱われていない。名詞の場合、曲用のところで「単数に s または es を加えて複数を作るすべての名詞は規則的である；残りは不規則である」という注があって、不規則名詞 man の変化が挙げられているに過ぎない。不規則動詞への言及はなく、分詞の章に受動分詞を d, t または n に終るとして、loved, taught, slain を挙げているのみである。助動詞は独立に扱われている。なお変化語尾の扱い方は綴字本位である。

　c）名詞の人称の記述はまったく代名詞に関するものになっていて、不適当である（IIの第3部第3章の項参照）。

　d）冠詞の用法の説明は不十分であり、例えば A, An は 'a general and unlimited Sense' で用いられるとだけ述べられている。

　e）代名詞は実詞的代名詞と形容詞的代名詞に分けられているが、分類の根拠が明らかでない。また代名詞の種類別がされていない。例えば関係代名詞は代名詞の章にはなく、統語論に初めて現れる。

　f）科学文法以前には普通のことであったが、不定詞を法に入れるのは正しくない。

　g）分詞の章に ing 形が挙げられているが、動名詞は扱っていない。

　h）動詞の数、人称の形態的説明がなく、活用表があるだけである。

　i）副詞、前置詞、間投詞などの例として、しばしば句形式のものが挙げられている。

　j）前置詞の中に接頭辞を加えるのは不適当である。他方、語の派生の章では接尾辞のみが扱われている。

　k）接頭辞で語源的に正しくないものがある。例えば英語にのみ固有のものの中に counter があり、ラテン語起源の a の付いた語に about, afore があるのは誤りである。

　l）統語論は簡単に過ぎる。語形論に相当する部門を含めて、一般に用法の説明が不十分である。

　m）省略の章で不適当なものがある（IIの第3部第14章の項参照）。

　以上、気づくままに幾つかの点を取り上げてみたが、結局は当時モデルとなっていたラテン文典の影響を受けたために、英語に即していない

こと、意味および文字中心であること、ラテン文典で扱われていない問題に目を覆っていること、などの結果が生じたのではないかと考えられる。もちろん品詞を変化詞（Declinables）（名詞、代名詞、動詞、分詞）と不変化詞（Undeclinables）（副詞、接続詞、前置詞、間投詞）に分けるというラテン文典に見られる分類は行なっていないとか、動詞にDeponent, Common を認めないとか、助動詞を設けているというように、英語に即した面もないわけではないが、やはりそれは一部に過ぎない。概してラテン文典的、伝統的と言うことができる。

4. 今述べたラテン文典的、伝統的ということが、学問的立場から批評すれば厳しい批評の対象になるが、反面 *New Guide* の狙いとした、イギリス人の子供のための実用的教科書という観点からするとどうであろうか。Ⅰで述べたように、本書がイギリス、アメリカ両国で長期間に亘って使用されていた事実が、本書の実用性を物語っていることは明らかである。ということは、英語の文典が、権威あるラテン文典に密着していればいるほど、また伝統的であればそれだけいっそう権威を持ち、人びとに安心感を与えることになったのではないだろうか。本書の半ばを占める spelling book の部分について言えば、本書と同じ体裁の書物が、その前後に数多くあり、⁴³ その点でも伝統を継いでいると言え、著者がそこに力を入れて学習者の便宜を考えたことが、本書の強みになったと思われる。このように考えることは憶測に過ぎないとしても、*New Guide* が当時の人びとに歓迎されたことは動かせない事実である。また現代の立場から批判するだけでなく、当時における積極的な意義を認めることが、本書を正しく位置づけることになるであろう。

5. 本書のような過去の英語の文献は、当時の英語の研究資料を提供してくれる。本書にこの資料としての価値評価を下す材料を提供する意味で、気づいたものの中から幾つか取り上げてみたいと思う。

ⅰ）第1部　単語表で2音節以上の語はアクセントの位置によって分類されているので、当時の状態を知ることができる。今日の標準英語のアクセントと異なるものを拾ってみる。

compénsate, demónstrate, ＊Yesterdáy, ácceptable, áccessary, éxemplary, legislátive, moderátor, operátor, regulátor, ＊reconcílable, administrátor;

Canáda, ＊Caraván, Cesárea, Európean（Jones の発音辞典〔1963[12]〕に基づく。＊印の発音は Jones に variant として記載されている。）

ⅱ）第 2 部。　同音異綴異義語の表から当時の発音を推測することができる場合があるが、今日の標準英語と異なるものを幾つか挙げる。

[ɛə] { air[44] / are }　[ai] { bile high I'll / boil hoy ile (= aisle) / isle / oyl (= oil) }　{ line pint rial (= real n.)[45] / loin point royal }

[k] { Calais cardd cart[46] / chalice chard chart }　[uː] { dew news undo[47] / due noose undue / do }

[oː] { known[48] / none }　[uː] { Rome[49] / room }

[w] { wale were wey weather / whale where shey whether }　これから wh が [w] であったことがわかる。[50]

ⅲ）第 3 部。　第 3 章　類推論

a）形容詞の比較級、最上級に longer *or* more long, shorter *or* more short, wiser *or* more wise; longest *or* most long, shortest *or* most short, wisest *or* most wise のように、用例は 1 音節語だけであるが、屈折系と迂言形が併記されている。当時はまだ両者の使い分けが明瞭でなかったことを示している。[51]

b）代名詞の 2 人称単数主格、呼格は thou *or* you、その他の格では thee or you のように、2 種類の形が併記されている。

c）3 人称男性単数の再帰代名詞として his-self が挙げられている。

d）動詞の時制で I do read, I did read のように do, did が現在、未完了過去の記号（signs）とされ、活用表で I educate *or* I do educate, I educated *or* I did educate のように併記されている。[52]

e）未来時制は I shall *or* will educate のように、人称にかかわりなく shall と will が併記されている。

f）3 人称単数直説法現在形は he educateth, educates, *or* doth *or* does

educate のように、-(e)th と-(e)s が併記されている。当時すでに前者のほうが古風であった。[53]

g）動詞 be の直説法過去 2 人称単数は thou wast *or* you was educated のように you の時は was が用いられる。[54]

h）略語表に ye.（= the），yn.（= then），ym.（= them）など y（= þ 'thorn'）がある。

6. *New Guide* が 1740 年出版の書であることから、本書の著者の言語自体が当時の英語を知る材料を提供する。綴字は今日に非常に近いが、時に相違が見られる。語形論の面で興味ある例を任意に挙げてみる。（ページ数行数はリプリント版で 10/20 のように示す。）

339/3 which *be* they? (be = are)

343/19 when the Word happens to be *wrote* ... (= written)

348/29 What *mean you* by the Quantity of a Word?

365/19 How *call you* that Preposition, which is jointed to the Noun? (357/31 How *do you know* the Number of the Verb? 365/17 By what Name *do you call* the Preposition, that stands separate? 370/32 What *do you mean* by a Nominative Word? のように do を用いることのほうが多いようである。特に疑問詞で始らない時にそうである。370/35 *Does the Nominative Case or Word* always *go* before the Verb? ［以下例文］370/37 *Did John go* to London? 370/38 *Do I neglect* my Business?)

352/3 An Organ ... is *the best of all other musical Insturuments*. ［例文］

357/7 ... an Action now *adoing* but not finished ...

357/16 I did read while you *was* at play. ［例文］

3 人称単数直説法現在形は-(e)th と-(e)s が無差別に用いられているようである。

338/26 Orthography *teacheth* the true Characters and Powers of the Letters, ...

345/16 It (= Colon) *distinguisheth* a perfect Part of a Sentence, ...

345/32 It (= Period) *denotes* the full ending and finishing of a whole Sentence, ...

349/5 A Tone or Accent *denoteth* the raising or falling of the Voice on a Syllable, ...

349/29 Analogy *teaches* us how to know distinctly all the several Parts of Speech in the English Tongue.

7. 要約すれば、*New Guide* はラテン文典の影響を大いに受けていて、ラテン文典の欠陥を持つと同時に、英語の事実に即さない場合が多く、学問的には不備な点が少なくないが、それが長期間用いられたところを見れば、実用性は大であったと思われ、それには、伝統的、ラテン文典的ということが、力になったと考えられる。他方本書の記述は、これを批判的に用いれば、著者の英語とともに、当時の英語を研究するための資料としての価値を持っている。

注

1. Thomas Dilworth の略歴について、Leeds 大学の R. C. Alston 博士にお尋ねしたところ、出版されたばかりの同博士編 *A Bibliography of the English Language from the Invention of Printing to the Year 1800*, Vol. IV を見るようにとのご返事（1967年6月8日付）を頂いた。早速同書を航空便で取り寄せた。Dilworth 自身についての知識は得られなかったが、*New Guide* についての以下の記述には大いに参考になった。
2. A. G. Kennedy, *Bibliography*, No. 5778 *New Guide* の項。
3. G. P. Krapp, *The English Language in America* (N. Y., 1925) Vol. I , p. 335.
4. G. H. McKnight, *Modern English in the Making* (N. Y., 1928) p. 332.
5. H. L. Mencken, *The American Language*, One-volume Abridged Edition. Abridged, with annotations and new material, by Raven I. McDavid, Jr. (N. Y., 1963), p. 481.
6. A. C. Baugh, *A History of the English Language*, 1959^2, p. 425. なお Webster の Spelling Book については G. P. Krapp, *op. cit.*, Vol. 1, pp. 335 ff. 参照。
7. G. P. Krapp, *op. cit.*, Vol. 1. p. 336.
8. A. G. Kennedy, *Bibliography*, No. 5798a および No. 7834a.
9. イギリスの賛美歌作者、牧師 Isaac Watts (1674-1748) であろう。Watts には *The Art of Reading and Writing English* (London, 1721) という spelling book がある。
10. このアルファベットは今日と同じく26文字から成るが、U と V の順が逆である。これは Lily のラテン文典と同じであるが、それについては文法の第1章 b) で述べる。
11. G. H. McKnight によれば同音異綴異義語表は Charles Butler の *The English Grammar* (1633) 以来たいていの英文法および spelling book の特色であった（*Modern English in the Making*, p. 342）。
12. この間の事情については、G. Brown, *Grammar of English Grammars* (N. Y., 1851), pp. 129-130; G. H. McKnight, *op. cit.*, pp. 218-9; I. Poldauf, *On Some Problems of English Grammar before 1800* (Prague, 1948), pp. 46-7; R. F. Jones, *The Triumph of the English Language* (Stanford, 1953), pp. 278-9；渡部昇一『英文法史』pp. 76-83；佐々木達『英語

学発達史論』『言語の諸相』pp. 377-8 などを参照。なお、I. Poldauf の書物は東京大学の宮部菊男先生からお借りした。ここでお礼申し上げたいと思う。

13. Cf. I. Poldauf, *op. cit*., p. 47. 1527 年版の表題には *Iohannis Coleti Theologi, Olim decani diui Pauli, aeditio, una cum quibusdam G. Lilij Grammatices rudimentis*「もと St. Paul's School 校長たる神学者 John Colet の aeditio、これとともに G. Lily の Grammatices rudimenta を併せ収めたもの」(訳は渡部氏による) と記されている。1566 年版には *A shorte Introduction of Grammar, generally to be used; compiled and set forthe, for the bringinge up of all those that intende to attayne the knowledge of the Latine tongue.* という表題がある。この両者は S. Blach の編で 'Shakespeares Lateingrammatik,' *Shake-speare Jahrbuch* XLIV (1908), pp. 65-117; XLV (1909), pp. 51-100 (Berlin) に収録されている。以下解説中の Lily への言及はこれによる。なおその写真版を渡部昇一氏からお借りすることができた。ここで謝意を表したいと思う。
14. Cf. I. Poldauf, *op. cit*., p. 67；渡部昇一『英文法史』p. 89 および p. 155.
15. Cf. I. Poldauf, *op. cit*., pp. 46-47.
16. Cf. G. H. McKnight は Lily の文典を 'Grammatica est recte scribendi et loquendi ars.' という定義を Quintilian から採用したと述べている (*op. cit*., p. 218)。
17. *OED* (s. v. Analogy, 8) には E. Phillips, *The new world of English words: or a general dictionary* (1706⁶) からの引用がある。'*Analogy*… in Grammar, the Declining of a Noun, or Conjugating of a Verb, according to its Rule or Standard.'
18. ただし Lily では小文字は j, w がない代わりに long s があって 25 字、大文字は J, U, W がなくて 23 字である。Cf. *Shakespear Jahrbuch* XLIV, p. 73. 以下 Lily, XLIV, p. 73 のように記す。特に断らない限り 1566 年版を指す。
19. Lily, XLIV, p. 73.
20. Lily, XLIV, p. 75.
21. Lily, XLIV, p. 76.
22. Lily, XLIV, p. 86.
23. G. Brown, *op. cit*., pp. 240-2.
24. Lily, XLIV, p. 81.
25. Lily, XLIV, p. 83.
26. Lily, XLIV, p. 86.
27. Lily, XLIV, p. 86.
28. Lily, XLIV, p. 87.
29. 原文には 'The *Preterperfect Tense* is subdivided into the *Preterimperfect Tense*… and the *Preterpluperfect Tense*' とあり、完了が未完了過去と過去完了に下位区分されると取れるが、後の記述を見ると、Preterperfect と Preterimperfect と Preterpluperfect の 3 つを並立させていると考えられ、このほうが Lily と一致する。
30. Lily, XLIV, p. 83. つまり Lily では時制は 5 つである。
31. 18 世紀の文法では第 2 未来 (Second Future) は I shall have loved. のような未来完了 (Future Perfect または Futurum Exactum) を指すのがふつうで、これは Dilworth のものとは異なる。Cf. G. Brown, op. cit., p. 368.
32. Lily, XLIV, pp. 89 ff.
33. Lily, XLIV, p. 86.
34. 'helping verb' という名称の起源は明らかでない。*OED* s. v. Helping の引用は L. Mur-

ray, *English Grammar* の第5版 (1824) から。G. Brown, *op. cit*., p. 361 にも Murray 以前への言及はない。しかしすでに J. Greenwood が 1711−2 年に用いている（B. M. Charleston, *Studies on the Syntax of the English Verb*, p. 283 による）。助動詞の概念の発達について渡部昇一『英文法史』pp. 281-2; pp. 336-7 参照。なお Dilworth は法や時制に用いられる助動詞を sign と呼んでいる。Sign に相当するラテン語 signum はすでに A. Gill の *Longonomia Anglica* (1621) の 'De signis modorum'「法の標識について」に見られる。Cf. 渡部昇一『英文法史』p. 253.

35. Lily, XLV, p. 51.
36. Lily, XLV, p. 52 にある副詞のリストにも例えば間投詞（句）ô si (oh that), ô (O, oh) などが含まれている。
37. Lily, XLV, p. 52.
38. Lily, XLV, p. 53.
39. Lily, XLV, p. 56. Cf. 渡部昇一『英文法史』p. 83.
40. 'Hyperbaton is the transposition of words.'（G. Brown, *op. cit*., p. 828）同書では Hyperbaton は Ellipsis などとともに、Prosody の 1 章 Figures の中の Figures of syntax に含まれている。
41. Lily のラテン文典については渡部昇一『英文法史』pp. 76-83 に詳しい。
42. この点については「一般的に総括して言えば、近世初期の英文法家たちの相互間における影響は比較的に希薄であったようである。彼らの模範は、同国人の文典よりは、まず第一にラテン文典だったのである。」という渡部氏（『英文法史』p. 345）の言葉が 18 世紀についても言えるかどうかを検討すべきであろう。
43. R. C. Alston, *Bibliography*, Vol. IV, Spelling Books のリストによって詳しく知ることができる。
44. Cf. O. Jespersen, *MEG* I. 4. 432.
45. Cf. O. Jespersen, *MEG* I. 11. 51.
46. Cf. K. Luick, *Historische Grammatik der englischen Sprache*, §732. 2; B. Holmberg, *James Douglas on English Pronunciation c. 1740*. (Lund, 1956), p. 242.
47. Cf. O. Jespersen *MEG* I. 13. 75.
48. Cf. O. Jespersen *MEG* I. 11. 65.
49. Cf. H. Kökeritz, *Shakespeare's Pronunciation*, p. 141; E. Ekwall, *Historische neuenglische Laut- und Formenlehre*, §83.
50. Cf. O. Jespersen, *MEG* I. 13. 51.
51. I. Poldauf (*op. cit*., p. 244) は屈折形と迂言形の受け持ち分野を定めようとした最初の試みはスイス生まれの Miège (*The English Grammar*, 1688 などの著者) によると言って、そのリストを示した後に 'In the 18th century similar lists are produced, generally, however, custom is left to decide.' と述べている。
52. do の使用について I. Poldauf (*op. cit*., p. 269) は次のように述べている。'They (=the English Grammarians of the earliest days) looked for the "signs" of the single tenses, and, the verb *do* not yet having a particular function in their time, they could easily establish a table of comparison:

scribo	I do write
scribebam	I did write
scripsi	I have written
scripseram	I had written

scribam $\begin{matrix}\text{I shall}\\\text{I will}\end{matrix}$ write

53. Cf. K. Brunner, *Die englische Sprache*, II. pp. 190-1.
54. Cf. S. A. Leonard, *The Doctrine of Correctness in English Usage* 1700-1800. pp. 223-4.

(1968 年)

9

ウィリアム・バーンズとヴィクトリア朝のフィロロジー

1. 小 伝

　ウィリアム・バーンズ（William Barnes）は 1801 年 2 月 22 日に Dorset の Sturminster Newton に近い Bagber で、小作農 John と Grace の第 5 子として生まれた。Sturminster Newton の学校で学んだが、どの学科にも興味を持つ優秀な生徒だった。Sturminster Newton に続いて Dorchester の弁護士事務所で書記を務めた。1816 年に 14 歳で母を亡くした。1819 年に消費税収税吏の娘 Julia Miles と出会った。一家を支えることが出来るようにと、Wiltshire の Mere で学校を開いた。1827 年に結婚して、夫婦で協力して学校経営に当たり、1835 年に Dorchester に戻って開校した。聖職を志して、1838 年に Cambridge 大学 St John's College の 'ten year man'（24 歳以上で 10 年間在籍し、一定の条件を満たすと Bachelor of Divinity の学位を与えられた）となり、1850 年に Bachelor of Divinity の学位を取得した。1844 年に最初の Dorset 方言詩集と方言研究を発表した。1845 年に鉄道が Dorchester まで敷かれたが、Barnes 達はローマ時代の遺跡の破壊を阻止した。1851 年に妻と 2 人の娘と共に大博覧会（the Great Exhibition）を見にロンドンに行き、翌 1852 年に妻を乳がんで亡くした。1856 年に Barnes の学校に隣接する建築事務所に務めていた 39 歳年下の Thomas Hardy（1840-1928）と出会った。Hardy は博学の Barnes から多くを学び、2 人の親交は終生続いた。Barnes は 1862 年に Winterborne Came に聖職禄を得て学校を閉鎖し、1886 年に亡くなるまでの 24 年間 Came Rectory（牧師館）に住ん

だ。

　Barnes は早くから絵画、彫刻、音楽などの才能を発揮し、多くの言語に通じ、その著作は詩、言語の他に数学、科学、政治、経済、歴史（古代ブリテンとアングロ・サクソン）など広範囲に及ぶ。しかし娘の Lucy Baxter による伝記のタイトル *The Life of William Barnes, Poet and Philologist* （1887）が示すように、Barnes の関心の中心は詩と言語であり、さらに序文で Lucy が述べている通り、彼が最も熱心だったのは言語の研究である。

　　The reading world know him chiefly for his poems — but the making of poems was but a small part of his intellectual life. His most earnest studies and greatest aims were in philology; but he was also a keen thinker in social science and political economy. (p. vii)

2.　フィロロジスト

　Barnes は 13 歳まで Sturminster Newton の学校で学んだ以外には、個人的にギリシア語、ラテン語や詩作の手解きを受けたりしたことはあったが、その他は独学で、特に語学の才に優れ、60 以上の言語を知っていた。

　当時イギリスでは philology は言語研究、特に比較言語学を指していた。比較言語学は 1786 年にイギリスの Sir William Jones (1746-94) がサンスクリットとギリシア語、ラテン語などが同起源だろうという考えを発表したことに始まる。その後ドイツの Franz Bopp (1791-1867)、デンマークの Rasmus Rask (1787-1832)、ドイツの Jacob Grimm (1785-1863) によって築き上げられた。Barnes は Bopp の研究を知っていた（Jones 1996, p. 82）。Barnes は *A Philological Grammar; Grounded upon English, and formed from a Comparison of more than Sixty Languages* (1854); *TIW; or, a View of the Roots and Stems of the English as a Teutonic Tongue* (1862) などを発表したが、独特の考えに基づいた時代遅れのものとして、学界の注意を引かなかった

　イギリスでは Benjamin Thorpe (1782-1870) がデンマークで Rask の

下に学び、Rask の古英語文法の英訳（1830）を出しており、Cambridge 大学で学んだ J. M. Kemble（1807-57）はドイツで Grimm にも学び、イギリス最初の *Beowulf* の校訂本（1833）を刊行した。1842 年にはロンドンに Philological Society が成立し、歴史的原理に基づく新しい辞書 *NED*（*OED*）が計画された。最初の編者 Herbert Coleridge（1830-61）の死後 F. J. Furnivall（1825-1910）が編者になった。その後 J. A. H. Murray（1837-1915）を始め 4 人の編者の下に、*OED* は 1884 年に第 1 分冊が刊行され、1928 年に完成した。

OED に結実を見たヴィクトリア朝のフィロロジーを支えたのは Thorpe, Kemble に始まり Furnivall, W. W. Skeat（1835-1912）, Henry Sweet（1845-1912）, Joseph Wright（1855-1930）など Oxford, Cambridge を中心とする学者達だった。このような雰囲気の中で、ロンドンを嫌って Dorset を離れず、独特の言語研究を発表し、Dorset の方言研究と方言詩に専心した Barnes が好意的に受け入れられなかったのは当然であろう。

Barnes は 1844 年に最初の Dorset 方言詩集を出したが、その表題は *Poems of Rural Life, in the Dorset Dialect: with a Dissertation and Glossary* で、Dorset 方言の研究が添えられていた。その中で Barnes は Dorset 方言について次のように述べている。

> Some people, who may have been taught to consider it [the Dorset dialect] as having originated from corruption of the written English, may not be prepared to hear that it is not only a separate offspring from the Anglo-Saxon tongue, but purer and more regular than the dialect which is chosen as the national speech; purer, inasmuch as it uses many words of Saxon origin for which the English substitutes others of Latin, Greek, or French derivation; and more regular, inasmuch as it inflects regularly many words which in the national language are irregular. (p. 12)

Barnes は、Dorset 方言は written English の崩れたものではなく、そ

れとは別のアングロ・サクソンの後裔であって、national speech として選ばれた方言よりもラテン語やフランス語が少ないので純粋（pure）だと言う。Dorset はアングロ・サクソン時代の West Saxon に含まれ、Alfred 大王の言葉を受け継いでいて純粋であるが、Barnes が national speech と呼ぶロンドン中心の標準語は外来語が多く入っていて純粋でないと言うのである。この点については 1831 年のウェールズ訪問が少なからぬ影響を与えたであろう。Baxter（1887, p. 36）は次のように述べている。

> In the Welsh language he recognized the pure British unmixed with Latin and other streams, and from it he got his appreciation of the beauty of purity in language, which his whole aim as a philologist was to attain to.

Barnes は生まれ育った土地の言葉を大事にしていたので、その根底にあるのは郷土愛であってナショナリズムではない。彼はアングロ・サクソンの知識なしには、英語の十分な理解はできないとして、1849 年に *Se Gefylsta (The Helper): An Anglo-Saxon Delectus. Serving as a First Class-Book of the Language* という入門書を刊行した。

ヴィクトリア朝の教育ある人々が方言を non-standard として標準語の崩れた低い言葉と考えていたことは、Hardy の *Tess of the D'Uurbervilles*（1891; New Wessex Edition, 1974, p. 48）の次の説明からも窺える。

> Mrs Durbeyfield habitually spoke the dialect; her daughter, who had passed the Sixth Standard in the National School under a London-trained mistress, spoke two languages; the dialect at home, more or less; ordinary English abroad and to persons of quality.

The Son's Veto（1891; *Life's Little Ironies*, Oxford World's Classics, 1999, p. 34）では、パブリックスクール生の息子が母親の「誤用」をた

しなめる。

"He have been so comfortable these last few hours that I am sure he cannot have missed us," she replied.
"*Has* dear mother; not *have*!" exclaimed the public-school-boy with an impatient fastidiousness that was almost harsh.

しかしヴィクトリア朝の中期になると地方や労働者階級に対する関心が高まり、それが文学作品や言語研究にも現れるようになった。(例えば Mitchell, ed. 1988 の "Dialect Writing" の項を参照)。1873 年には English Dialect Society が設立されて、Skeat が secretary になった。その最大の成果は Wright の *The English Dialect Dictionary* (1898-1905) である。この辞書で Wright は Barnes の *Poems of Rural Life, in the Dorset Dialect; with a Dissertation and Glossary* (1844) の 1848 年版を利用している。1863 年には Philological Society の secretary であった Furnivall が、すでに詩人として有名だった Barnes に方言研究について執筆するように依頼した。Barnes はそれに答えて執筆したが入会せず、Furnivall が代読した。ただし sounds を voice, vowels を voicings, consonants を clippings, synonyms を mate-wording とするような奇妙な用語は普通のものと入れ替えるという条件付きで、1863 年に *A Grammar and Glossary of the Dorset Dialect* が出版された (Baxter 1887, pp. 220-21)。

Barnes はラテン語やフランス語からの借用語を排してアングロ・サクソン以来の語を置き換えたり、アングロ・サクソン語による造語を行ったりした。以下に挙げるのは Phillips (1996, ch. 11) からアトランダムに選んだ例である。(括弧内がアングロ・サクソンに基づく語である。) accent (word-strain), agriculture (fieldlore), astronomy (starcraft), bicycle (wheel-saddle), biography (lifewrit), consonant (breath-penning, clipping), democracy (folkdom)), dialect (folkspeech), equinox (even-night), geology (earthlore), glossary (word-hoard), lexicography (word-lore), native (homeborn), noun (name-word), ornithology (birdlore), philology (speechlore), preface (foresay), spiritual (ghostly), synonym (mateword), universal (allsome), verb (time-word), vocabulary (word-hoard, wordlist, wordstore), vowel (breathsound).

　Barnes が Dorset 方言の先祖であるアングロ・サクソン語を愛する気持ちは理解出来ても、すでにノルマン征服以後 800 年も経っている言葉を変えようとしたことは無理であり、自分だけが使うとすれば 1 人よがりであろう。*OED* は Barnes のアングロ・サクソン復活や造語に対しては好意的でなかった。その中心人物は Furnivall である (*OED* の Barnes に対する冷やかな態度については Jacobs 1952, ch. iv; Chezdoy 1985, p. 170; Jones 1996; Taylor 1993, ch. 2 などを参照)。従って、科学的な言語研究の立場から見れば、フィロロジストとしての Barnes の貢献は Dorset 方言研究と方言詩であろう。しかし彼は *Notes on Ancient Britain and the Britons* (1858) や *Early England and the Saxon-English* (1869) のような歴史も書いている。これは本来のフィロロジストとして当然の仕事である。このように彼の詩のみでなく言語・歴史研究の総体を思想史的に捉えれば、彼が 'local' と 'total' の間を歩んだことに意義を認める以下のような Gillian Beer (1996, p. 44) の見解はフィロロジスト Barnes を再評価する際の参考になる。

> Barnes is often referred to as a local dialect poet, one wholly centred in Dorset; but this is to misunderstand how the relations between local and total were working in Victorian culture. Victorian philology and etymology were preoccupied with the relations between English and other languages within the Indo-Germanic group. The question of common roots between remote tongues was much under discussion. The discursive array within English was being linked to issues of class, of national autonomy, of cultural progression. Barnes tracked between the local and total.

3.　詩　人

　Barnes は早くから詩作を始め、1820 年には *Poetical Pieces* を、1822

年には物語詩 *Orra: A Lapland Tale* を刊行した。*Orra* は Lapland の若者 Lawo と厳格な父の娘 Orra との悲恋の物語であるが、自分と Julia の運命を 18 世紀風の詩に託したのであろう。実際には 1822 年に Julia の父の許しを得て結婚した。それまでの作品はいずれも標準語で書かれている。彼が最初に Dorset 方言詩を発表したのは 1834 年である。当時はエンクロージャーが行われて、1834 年には Dorchester に近い Tolpuddle で、労働組合を組織しようとしてオーストラリアに流刑になった Tolpuddle Martyrs の事件があった。Barnes はこれらの事件に比較的沈黙を守っていた。Barnes を賞賛する E. M. Forster ですら "He could live through the Labourers' Revolt of 1830 without its shadows falling across his verse,..." (1939; rpt. 1965, p. 210) と言っているが、Barnes は 1833-34 年に匿名で数編のラテン語のタイトルを付けた eclogues を *Dorset County Chronicle* に発表している。彼は帝国主義を嫌い、キリスト教徒が非キリスト教徒の土地を略奪することに反対した (*Humilis Domus: Some Thoughts on the Abodes, Life and Social Conditions of the Poor*, 1849)。さらに Charles Darwin の *The Origin of Species* や Karl Marx の *A Contribution to the Critique of Political Economy* が出版された 1859 年に、Barnes は *Views of Labour and Gold* を刊行した。このように Barnes は政治的・社会的関心を持っていたが、後に触れるように、彼は詩を政治から切り離したかったのであろう。(このことについては Dugdale 1953, p. 89; Jones, ed. 1962, pp. 11-16; Hearl 1966, p. 111 などを参照)。彼は古典文学に通じていて、Vergil や Theocritus の eclogues も知っていた。しかし彼が初期に eclogues を書いた動機はウェールズの詩を知ったからであろう。彼は若い頃 Petrarch を好んで、翻訳もして影響を受けた。14 世紀のペルシャの詩人 Hafiz の詩法を用いたこともある。

　Barnes の詩では Ralph Vaughan Williams が作曲した *My Orcha'd in Linden Lea* が有名である (以下 Barnes の詩のテキストは Motion 1994 による)。

My Orcha'd in Linden Lea　　　リンデン・リーの私の果樹園

'Ithin the woodlands, flow'ry gleäded　　森の中の花咲く空き地で
　By the woak tree's mossy moot,　　　　オークの木の苔むす根元で、
The sheenèn grass-bleädes, timber-sheäded,　木陰で輝く草の葉が
　Now do quiver under voot;　　　　　　　足元で揺れている。
An' birds do whissle over head,　　5　鳥は頭上でさえずり、
An' water's bubblèn in its bed,　　　　　水は底で泡立ち、
An' there vor me the apple tree　　　　私の前にはリンゴの木が
Do leän down low in Linden Lea.　　　リンデン・リーで傾いている。

When leaves that leätely wer a-springèn　芽生えたがりの葉が
　Now do feäde 'ithin the copse,　　10　木々の間で色あせ、
An' painted birds do hush their zingèn　絵のような鳥は
　Up upon the timber's tops;　　　　　　梢で歌うのをやめる。
An' brown-leav'd fruit's a-turnèn red,　　茶色の葉の果実は赤くなり、
In cloudless zunsheen, over head,　　　頭上には雲一つない、
Wi' fruit vor me, the apple tree　　15　私の前には実ったリンゴの木が
Do leän down low in Linden Lea.　　　リンデン・リーで低く傾く。

Let other vo'k meäke money vaster　　他の人達は町の暗い部屋で
　In the aïr o' dark-room'd towns,　　　早く金を儲ければよい。
I don't dread a peevish meäster;　　　私はうるさい主人を恐れない。
　Though noo man do heed my frowns,　20　誰も私の渋面に気づかずとも、
I be free to goo abrode,　　　　　　　私は自由に戸外に出たり、
Or teäke ageän my hwomeward road　　また家路についたりする
To where, vor me, the apple tree　　　私の前にリンゴの木が
Do leän down low in Linden Lea.　　　リンデン・リーで傾く所へ。

2重母音 a [ei] は eä [eə or iə] となる (gleäded, meäke)。w が落ちたり付いたりする ('ithin; woak)。語尾の子音はよく落ちる (an', Wi', o')。語頭の f, s は母音の前で有声化する (voot, vor; zingèn, zunsheen)。-ing は -èn になる (bubblèn, zingèn)。過去分詞に a- が付く

(a-springèn, a-turnèn)。do を用いる (do quiver, do whissle)。動詞では1人称に I be を用い、3人称単数は原形のままである (the apple tree / Do leän, noo man do heed)。

各スタンザは 'Do *leän down low* // in *Linden Lea*' のリフレインであるが、前半行の子音のパターン lndnl が後半行で繰り返されている。これはウェールズ詩で *cynghanedd* (*OED* 第2版の発音表記は [kəŋ'hanɛð]) と呼ばれる。Barnes の生前には Lidden という川があったが、Linden にしたのは *cynghanedd* を成立させるためであろう (Ashdown 2003, p. 199)。

この詩の初出は 1856 年 11 月 20 日の *Dorset County Chronicle* である。Barnes はかつて教師をしていた Wiltshire の Mere に続いて Blackmore Vale と生地 Bagber を訪れ、花やオークに囲まれ、鳥の囀りや川の流れを聞く。春を歌う第1スタンザに対して、第2スタンザは秋になり、木の葉は色褪せ鳥も歌わない。第3スタンザでは金の亡者や気難しい主人に対する怒りを表す。第3スタンザではセミコロンが4行目でなく3行目の終わりに来て心の変化を示す。人が自分の渋面に気付かずとも、束縛されず自由な身で家路に着く。リンゴの木が自分の方に傾いていて、そこに帰って行く (Ashdown 2003, p. 199)。

次の詩は後に引用する E. M. Forster の賛辞で有名である。

Woak Hill	オーク・ヒル
When sycamore leaves wer a-spreadèn,	スズカケの葉が生垣で
Green-ruddy, in hedges,	緑赤色に広がり、
Bezide the red doust o' the ridges,	尾根の赤い砂の側に
A-dried at Woak Hill;	オーク・ヒルで乾いた時、
I packed up my goods all a-sheenèn	5 私は長年使って
Wi' long years o' handlèn,	黒光りした品々を、
On dousty red wheels ov a waggon,	ほこりまみれの赤い荷車に積み
To ride at Woak Hill.	オーク・ヒルを乗って行った。

The brown thatchen ruf o' the dwellèn		その時去ろうとした
I then wer a-leävèn,	10	家の茶色い茅葺き屋根が、
Had shelter'd the sleek head o' Meäry,		メアリーのつややかな頭を護った。
My bride at Woak Hill.		オーク・ヒルのわが花嫁の。

But now vor zome years, her light voot-vall 　　だが今何年か、軽い足音が
　'S a-lost vrom the vloorèn.　　　　　　　　　床から消えた。
Too soon vor my jaÿ an' my childern,　　15　私の喜びと子供達には早すぎて、
　She died at Woak Hill.　　　　　　　　　　彼女はオーク・ヒルで死んだ。

But still I do think that, in soul,　　　　　　しかし今でも魂は、
　She do hover about us;　　　　　　　　　　私たちの周りを浮遊する、
To ho vor her motherless childern,　　　　　母なき子らを案じつゝ、
　Her pride at Woak Hill.　　　　　　　20　オーク・ヒルの自慢の種を。

Zoo — lest she should tell me hereafter　　　だから―あとで言われないように、
　I stole off'ithout her,　　　　　　　　　　彼女を連れずにそっと行き、
An' left her, uncall'd at house-riddèn,　　　転居の際声をかけずに、
　To bide at Woak Hill —　　　　　　　　　オーク・ヒルに留めたと―

I call'd her so fondly, wi' lippèns　　　　25　他人には聞こえないように、
　All soundless to others,　　　　　　　　唇の動きで優しく呼び掛け、
An' took her wi' aïr-reachèn hand,　　　　　虚空をつかんで私の側に、
　To my zide at Woak Hill.　　　　　　　　オーク・ヒルで引き寄せた。

On the road I did look round, a-talkèn　　　途上で私は見回して
　To light at my shoulder,　　　　　　　30　肩の光に話し掛け、
An' then led her in at the door-way,　　　　彼女を戸口に導いた。
　Miles wide vrom Woak Hill.　　　　　　　オーク・ヒルから遙かに離れて。

An' that's why vo'k thought, vor a season,　それで人々はひととき、
　My mind wer a-wandrèn　　　　　　　　　私の心は悲しみで
Wi' sorrow, when I wer so sorely　　　　35　さ迷っていたと思ったのだ、
　A-tried at Woak Hill.　　　　　　　　　　オーク・ヒルで苦しんだ時に。

But no; that my Meäy mid never	だが違う。私のメアリーは決して
Behold herself slighted,	軽んじられたとは見ないだろう、
I wanted to think that I guided	私は案内したと思いたかった
My guide vrom Woak Hill.	40 オーク・ヒルから私のガイドを。

　この詩は各スタンザ最後の行内の語がネックレスのように韻で結ばれていて、'pearl' と呼ばれるペルシャの詩法を用いている。4 A-dried, 8 ride, 12 bride, 16 died, 20 pride, 24 bide, 28 zide, 32 wide, 36 A-tried, 40 guide がそれである (Baxter 1887, pp. 247-49; Dugdale 1953, p. 170)。一見素朴に見える Barnes の詩に独特の詩法が隠されている。

　この詩は、妻 Julia が亡くなる 1852 年まで共に暮らしていた Dorchester を去って Winterborne Came の牧師館に移った 1862 年に書かれて、3月6日の *Dorset County Chronicle* に発表された。妻の名を Meäry にし、家を "brown thatchen ruf" の田舎家にしている。Hardy は "It is impossible to prophesy, but surely much English literature will be forgotten when "Woak Hill" is still read for its intense pathos,..." (1886; rpt. Orel 1966, p. 105) と言い、E. M. Forster は "It is impossible to read a poem like 'Woak Hill' without tears in one's eyes. Or rather, if one has not tears in one's eyes at the end of 'Woak Hill' one has not read it." (1939; rpt. 1951, p. 208) と言ってこの詩を賞賛した。

4.　晩　年

　Barnes の晩年には William Allingham, Edmund Gosse, Coventry Patmore, F. T. Palgrave, Alfred Lord Tennyson などが Came Rectory を訪れた。1883 年に Hardy と共に Barnes を訪れた Gosse はその時の模様を詳しく記している。

　Hardy and I walked last afternoon through fields of rye 5 or even 6 feet high to the village of Winterborne Came of which Mr. Barnes the poet is Rector.... Barnes is a wonderful figure, he is in his 83rd year. He has long, thin, silky hair flowing down and mingling with a full beard and moustache almost as white as milk, a grand dome of forehead over a long, thin, pendulous nose, not at all a handsome face, but full of intelligence, and a beauty of vigour in extreme old age. He undertook the entire service himself and preached rather a long sermon. Then he stayed behind to hear the school-children practice their singing and walked to the Rectory as he had walked from it, rather over a mile.... His dress is interesting, black knee breeches, and silk stockings, without gaiters, and buckled shoes. I hear he is the last person in Dorset to keep up this dress. He was extremely hospitable and seemed untirable; we stayed four hours with him, and all the time he was hurrying us from place to place to show us his treasures. His mind runs chiefly on British Antiquities and Philology. It was difficult to induce him to talk much about his poems. I was extremely gratified and interested by my visit. (Dugdale 1953, pp. 217-18)

1884年1月26日、BarnesはHardyと共に家路に着いた時、突然冷たい暴風雨に見舞われた。Hardyは自宅での雨宿りを乞うたが、Barnesは聞き入れず、帰宅後床に就き、その後身体は衰えるばかりだった。1885年10月13日に、少し持ち直して暖炉脇の椅子に座っていた時、くぐり門が閉まる音を聞くと、長女のLauraに次の詩を口述した。

The Geäte a-Vallèn to	門が閉まった
In the zunsheen ov our zummers	夏の日ざしの中で
Wi' the haÿ time now a-come,	乾草作りの時が来ると、
How busy wer we out a-vield	私達は野良で忙しく
Wi' vew a-left at hwome,	少ししか家に残らなかった。
When waggons rumbled out ov yard	5　赤い車輪と青い車体の荷車が
Red wheeled, wi' body blue,	庭からゴロゴロと出ると、
As back behind 'em loudly slamm'd	その後に大きくバタンと
The geäte a-vallèn to.	門が閉まった。

Drough daÿsheen ov how many years	何年も昼日中
The geäte ha' now a-swung	10 門が揺れた
Behind the veet o' vull-grown men	大人の足の後に
An' vootsteps ov the young,	若者の歩みの後に、
Drough years o' days it swung to us	何年もの日々門は揺れた、
Behind each little shoe,	私達の小さな靴の後で。
As we tripped lightly on avore	15 私達が軽い足取りで進むと
The geäte a-vallèn to.	門が閉まった。
In evenèn time o' starry night	星月夜の夕暮
How mother zot at hwome,	母は家に坐り
An' kept her bleäzèn vire bright	暖炉の火を絶やさなかった
Till father should ha' come,	20 父が帰って来るまで。
An' how she quicken'd up an' smiled	すると母は元気づいて微笑み、
An' stirred her vire anew,	改めて火をかき立てた。
To her the trampèn ho'ses' steps	踏み歩く足音が近づくと
An' geäte a-vallèn to.	門が閉まった。
There's moon-sheen now in nights o' fall	25 今秋の夜月の光がある、
When leaves be brown vrom green	葉は緑から茶色になり、
When, to the slammèn o' the geäte,	門の閉まる時に
Our Jenny's ears be keen,	ジェニーの耳は鋭く、
When the wold dog do wag his tail,	老犬が尾を振る時に、
An' Jeän could tell to who,	30 彼が門から入る時に
As he do come in drough the geäte,	ジェインは誰だかわかる、
The geäte a-vallèn to.	門が閉まった。
An' oft do come a saddened hour	しばしば悲しい時が来る、
When there must goo away	心の芯まで愛した人が
One well-beloved to our heart's core,	35 去って行かねばならぬ時に、
Vor long, perhaps vor aye:	長い間、多分永遠に。
An' oh! it is a touchèn thing	ああ！　悲しいことだ
The lovèn heart must rue,	愛する心は悔まねば、
To hear behind his last farewell	最後の別れを耳にして、

The geäte a-vallèn to. 40 門が閉まった。

Barnes は "Observe that word "geäte." That is how King Alfred would have pronounced it, and how it was called in the *Saxon Chronicle*, which tells us of King Edward, who was slain at Corfe's geäte.... Ah! if the Court had not been moved to London, then the speech of King Alfred of which our Dorset is the remnant — would have been — the Court language of to-day, and it would have been more like Anglo-Saxon than it is now." と言ったと Laura は日記に書いた (Baxter 1887, p. 317)。

1886年の夏 Gosse は Hardy と共に見舞いに行った。10月7日に Barnes は亡くなり、11日に Rectory で葬儀が行われた。Hardy は自宅から Rectory への途上で葬列を見た。

The Last Signal
(11 Oct, 1886)

A Memory of William Barnes

Silently I footed by an uphill road
That led from my abode to a spot yew-boughed;
Yellowly the sun sloped low down to westward,
    And dark was the east with cloud.

Then, amid the shadow of that livid sad east,   5
    Where the light was least, and a gate stood wide,
Something flashed the fire of the sun that was facing it,
    Like a brief blaze on that side.

>Looking hard and harder I knew what it meant —
>The sudden shine sent from the livid east scene;   10
>It meant the west mirrored by the coffin of my friend there,
>   Turning to the road from his green,
>
>To take his last journey forth—he who in his prime
>Trudged so many a time from that gate athwart the land!
>Thus a farewell to me he signalled on his grave-way,   15
>   As with a wave of his hand.

Winterborne-Came Path

(James Gibson, ed., *Thomas Hardy: The Complete Poems*. Palgrave, 2001 による。詩の後の *Winterborne-Came Path* は、この詩の主題が Hardy の自宅から Barnes の葬儀が行われた Winterborne Came Rectory への路上でのことだったことを示す。)

棺から閃く光を別れの合図と見るこの詩には、Barnes が導入したウェールズの詩法が使われている。1 つは行末の語が次の行中の語と韻を踏む internal rhyme で、*union* と呼ばれる (Barnes, *A Philological Grammar*, p. 292)。この詩では、1 road と 2 abode, 5 east と 6 least, 9 meant と 10 sent, 13 prime と 14 time である。もう 1 つは Barnes が *My Orcha'd in Linden Lea* で使った *cynghanedd* で、3 行目に見られる ll-snsllns の子音のパターンである (Hynes 1961, p. 29)。Hardy は Barnes に捧げる詩に意識的にこれらの技法を用いたのであろう (Taylor 1988, p. 81)。

5. 評　価

Hardy は Barnes の詩選集 (1908) を編纂した。序文で、Barnes は 'naif and rude bard' だという一般の印象を否定して、彼の詩の技巧と巧みな語彙選択について次のように言う。

In his aim at closeness of phrase to his vision he strained at times the capacities of dialect, and went wilfully outside the dramatization of peasant talk. Such a lover of the art of expression was this penman of a dialect that had no literature, that on some occasions he would allow art to overpower spontaneity and to cripple inspiration; though, be it remembered, he never tampered with the dialect itself. His ingenious internal rhymes, his subtle juxtaposition of kindred lippings and vowel-sounds, show a fastidiousness in word-selection that is surprising in verse which professes to represent the habitual modes of language among the western peasantry. We do not find in the dialect balladists of the seventeenth century, or in Burns ... such careful finish, such verbal dexterities, such searchings for the most cunning syllables, such satisfaction with the best phrase. (pp. ix-x)

Barnes の詩選集 (1950) を編纂した Geoffrey Grigson も、彼が学者詩人であることを認めながら、方言が生まれながらの言葉だったから、不自然ではなかったと言う。

Writing in dialect began as a preference, a choice which Barnes made out of his philological delvings. His daughter Lucy confirms so much in her *Life* of William Barnes, and says 'when he began, it was as much the spirit of the philologist as the poet which moved him.'... So, far from being a spontaneous act, this choice of dialect was a learned perversity, which he was able to carry through, since dialect had been his first speech, without the defects of being perverse. Once he began, he found he could do it by nature. Then, no doubt, he could not help continuing. (pp. 10-11)

Robert Gittings (1975) は "Barnes is writing in a calculated dialect, observed by him as a philologist; this is why his Dorset poems, even at their best, have something of the air of an academic exercise. With Hardy, the use of a local word was, as he says, natural,..." (pp. 125-26) と言うが、フィロロジストに対する偏見が感じられる。

　1886年の1月に息子が政治に関わる詩を話題にすると、Barnes は "That is a subject connected with politics, not with poetry. I have never written any of my poems but one, with a drift. I write pictures which I see in my mind." (Baxter 1887, p. 323) と言った。Patmore は Barnes を純粋な詩人と見て、"Mr. Barnes, in his poems, is nothing but a poet. He does not there protest against anything in religion, politics, or the arrangements of society;..." (Patmore 1862; Motion, ed. 1994, p. 140) と述べている。Hopkins は Barnes の詩を "the supposed emotion of peasants" だと冷笑した Robert Bridges への書簡で "I hold your contemptuous opinion an unhappy mistake: he is a perfect artist and of a most spontaneous inspiration; it is as if Dorset life and Dorset landscape had taken flesh and tongue in the man." (1 Sept. 1885; Pick, ed. 1953, p. 247) と反論した。E. M. Forster が *Woak Hill* について述べた言葉はすでに引用した。Philip Larkin は1962年の Jones 編全詩集刊行に際して、その批評で Barnes が方言と標準語の両方で書いている詩を比較して、次のような興味深いことを述べている (1962; rpt. 1983, p. 151)。

> Comparison of them is interesting, because it shows that while dialect may be antipathetic to us, it carries one unexpectedly modern virtue — that of naturalness, the natural words in their natural order:
>
> Our mind could never yield the room for all
> Our days at once; but God is ever kind...
>
> Our minds ha' never room enough to call
> Back all sweet days at oonce, but God is kind...
>
> Here the dialect is not only smoother, but has the clearer meaning.

1994 年に Andrew Motion, ed., *William Barnes: Selected Poems* が Penguin Classics に入ったが編者の序文はない。1999 年に Motion は桂冠詩人になったが、彼が 2000 年に行った講演 *William Barnes* (The Laurie Lee Memorial Lecture (2001)) がそれを補っている。彼は Barnes が読まれないことについて、

> Dialect is not the only obstacle .... Barnes spent most of his writing life as a Victorian, yet his attitudes to Nature linked him to the Romantics: to Wordsworth, obviously, but in idiom and emphasis also to Burns, Crabbe and Clare .... Everything about him was at odds with his own time, even his appearance: he could be seen strolling round Dorchester in the late 1870s wearing buckle shoes and knee breeches, wielding a staff. His aim was a kind of heroic individualism,... (p. 6)

と言っている。Barnes は空間的には方言によって、時間的には時代に逆行することで、世間から離れていた。言い換えれば、標準語の普及で蔑視されている土地の言葉を守ることと、物質文明に対する批判である。その点では、Thomas Carlyle (1795-1881), John Ruskin (1819-1900), Matthew Arnold (1822-88), William Morris (1834-96) などと共通する所があるが、Barnes は中央に出ることを嫌い、頑なに Dorset に留まった。歿後 76 年経った 1962 年にようやく全詩集が出版されたが、散文の著作集全 6 巻が公になったのは、さらに遅れて歿後 110 年の 1996 年である。編者 Richard Bradbury は序文の最後を "We have not included his numerous contributions to magazines and journals. Neither have we included his sermons. This work is a step, I hope a large step, on the road to the production of a collected works of this scandalously neglected voice of Dorset." (p. liii) と強い言葉で結んでいる。しかし印刷されたほぼ全著作を読むことが出来るようになった現在、先に引用した Beer が言うように、単なる方言詩人に留まらない、再評価に値する Barnes の全貌を把握する道が拓けて来た。その 1 つの試みにおいて、Father Andrew Phillips は "... our post-industrial society ... may well have much to learn from Barnes' surprisingly relevant pre-industrial values and ideals."(1996, p. 10) と述べて、Barnes の人と仕事を多面的に解説している。特に今日のような時代において、未だに殆ど知られていない Barnes から学ぶ所は少なくないはずである。最後に Lucy Baxter が父の伝記への序文の冒頭で述べた示唆に富む言葉を引用する。

Some men live before their age, others behind it. My father did both. In action he was behind the world, or rather apart from it; in thought he was far before his time — a thinker who may probably lead the next generations even more than his own. A great and deep student of the past, he drew from it inferences and teaching for the future. (p. vii)

参考文献

(参考文献は使用したもののみ、作品は年代順、その他はアルファベット順。)
1. Barnes の作品 (散文著作集に含まれている著作名は記さない。)

Poems of Rural Life in the Dorset Dialect. London: Kegan Paul, 1888; 1st ed, 1879.
Select Poems of William Barnes, ed. Thomas Hardy. London: Humphrey Milford, 1908; rpt. 1933.
Selected Poems of William Barnes, ed. Geoffrey Grigson. London: Routledge, 1950.
The Poems of William Barnes, ed. Bernard Jones. 2 vols. London: Centaur, 1962.
William Barnes the Dorset Poet, Chris Wrigley. Stanbridge, Wimborne, Dorset: The Dovecote Press, 1984; rpt. 1988.
The Love Poems and Letters of William Barnes and Julia Barnes, ed. C. H. Lindgren. Dorset Record Society, 1986.
William Barnes: Selected Poems, ed. Andrew Motion. London: Penguin Books, 1994.
William Barnes: Collected Prose Works, ed. Richard Bradbury. 6 vols. London: Routledge/ Thoemmes Press, 1996.

2. 伝記、批評など

Ashdown, Douglas. 1996. *An Introduction to William Barnes the Dorset Poet, 1801-1886*. Dorset Books; rpt. 1999.
——. 2003. *William Barnes, My Hwomeward Road: The Family Life of the Dorset Poet*. Douglas Ashdown.
Austin, Francis and Bernard Jones. 2002. *The Language and Craft of William Barnes, English Poet and Philologist (1801-1886)*. Lampeter: Edwin Mellen.
Baxter, Lucy. 1887. *The Life of William Barnes, Poet and Philologist*. London: Macmillan; rpt. in *William Barnes: Collected Prose Works*, 1996.

Beer, Gillian. 1996. *Open Fields: Science in Cultural Encounter*. Oxford: Oxford University Press; pb 1999.

Benzie, William. 1983. *Dr. F.J. Furnivall: Victorian Scholar Adventurer*. Norman, OK: Pilgrim Books.

Chezdoy, Alan. 1985. *William Barnes: A Life of the Dorset Poet*. Stanbridge, Wimborne, Dorset: The Dovecote Press.

Dugdale, Giles. 1953. *William Barnes of Dorset*. London: Cassell.

Forster, E. M. "1939. "Homage to William Barnes," *New Statesman and Nation*, 9th Dec., pp. 819-20; rpt. as "William Barnes," *Two Cheers for Democracy*, Penguin Books, 1965, pp. 208-12.

Gittings, Robert. 1978. *Young Thomas Hardy*. Harmondsworth: Penguin Books.

Hardy, Thomas. 1886. "The Rev. William Barnes," *Athenaeum*, 16 Oct., pp. 501-502; rpt. Orel (1966), pp. 100-106.

———. Introduction to *Select Poems of William Barnes*, above.

Hearl, T. W. 1966. *William Barnes the Schoolmaster*. Dorchester: Longmans.

Hopkins, G. M. 1885. To Robert Bridges, Sept. 1; rpt. Pick (1953), pp. 246-47.

Hynes, Samuel. 1961. *The Pattern of Hardy's Poetry*. Chapel Hill, NC: University of North Carolina Press.

Jacobs, W. D. 1952. *William Barnes Linguist*. Albuquerque: University of New Mexico Press.

Jones, Bernard. 1990. "Barnes: a Glossary Restored," *The Henry Sweet Society Newsletter*, No. 14, May/June, pp. 25-28.

———. 1992. "William Barnes and the south west dialect of English," M. Rissanen, et al., eds., *History of Englishes*. Mouton de Gruyter, pp. 556-63.

———. 1996. "William Barnes, the Philological Society up to 1873 and the *New English Dictionary*," Juani Klemola, et al., eds., *Speech Past and Present: Studies in English Dialectology in Memory of Ossi Ihalainen*. Frankfurt am Main, etc.: Peter Lang, 1996, pp. 80-100.

———. 1999. "William Barnes (1801-86), the Philological Society, the English Dialect Society, and the Dictionaries," *The Henry Sweet Society Bulletin*, No. 32, May, pp. 13-24.

Larkin, Philip. 1962. "The Poetry of William Barnes," *The Listener;* rpt. *Required Writing*. London: Faber and Faber, 1983, pp. 149-52.

Levy, W. T. 1960. *William Barnes: The Man and the Poems*. Dorchester: Longmans.

Mitchell, Sally, ed. 1988. *Victorian Britain: An Encyclopedia*. New York: Garland.

Motion, Andrew. 2001. *William Barnes*. (The Laurie Lee Memorial Lectures, 2). Cheltenham: The Cyder Press.

Orel, Harold, ed. 1966. *Thomas Hardy's Personal Writings*. Lawrence: University of Kansas Press.

Parins, J. W. 1984. *William Barnes*. Boston: Twayne Publishers.

Phillips, Andrew. 1996. *The Rebirth of England and English: The Vision of William Barnes*. Frithgarth, Norfolk: Anglo-Saxon Books.

Pick, John. 1953. *A Hopkins Reader*. London: Oxford University Press.

Taylor, Dennis. 1981. *Hardy's Poetry 1860-1928*. New York: Columbia University Press.

———. 1988. *Hardy's Metres and Victorian Prosody*. Oxford: Clarendon.

———. 1993. *Hardy's Literary Language and Victorian Philology*. Oxford: Clarendon.
Urlau, Kurt. 1921. *Die Sprache des Dialektdichters William Barnes (Dorsetshire)*. Diss. Berlin.
Widén, Bertil. 1949. *Studies on the Dorset Dialect*. (Lund Studies in English, XVI.) Lund: Gleerup.

(2006 年)

10

ハーディの英語

1. 背　景

　ハーディの英語といえば、ふつう彼が書いた作品の英語を思い浮かべるであろうが、作品の英語は作られたものであったとしても、彼自身が日常使っていた英語がその下地としてあったに違いない。それを考えるには両親など家族の言葉を少しでも明らかにして、そこから、彼の成長に従ってどのような英語が形成され、ハーディ特有の作品に凝縮されたかをたどる必要があるだろう。

　父トマスは石工で音楽好き、母ジマイマは読書家であったが、共に強い地方訛りで話したようである。例えば、1人称の 'I' を表すドーセット方言の 'Ich' を父か母の口から聞いたことがあるとハーディは言った。ハーディの弟と2番目の妹には明らかなドーセット訛りがあると断言した人もいる。1920年に30年振りにハーディに会った人は、彼の言葉が 'gentle and smooth' になっていて、その変化に驚いたという。しかしハーディ自身は、自分は方言を知っていたが、使ったのは作男に対して必要な時だけだと言った。彼は当時、低い社会階級を含意していた訛りから自らを引き離したかったのであろう。[1]

　ハーディは、1848年にボックハンプトンに設立された国教会系国民学校(ナショナル・スクール)に通い、1850年にドーチェスターのブリティッシュ・スクールに移った。学校では標準語が教えられていた。つぎの『テス』第3章からの引用はほぼ当時の国語教育と言語生活を示していると考えて差し支えないだろう。

Mrs Durbeyfield habitually spoke the dialect; her daughter, who had passed the Sixth Standard in the National School under a London-trained mistress, spoke two languages; the dialect at home, more or less; ordinary English abroad and to persons of quality.[2]

(ダービフィールドの女房はいつも方言をつかう。一方、国民教育協会の学校にかよい、そしてロンドンで教育を受けてきた女教師について第六学年の標準テストに合格した、娘の方は、二種類の言葉をつかっていた。家ではおおむね方言を、また外では、そして相手が偉い人である場合には標準語を)[3]

上の引用文2行目の 'spoke' 以下は初め 'used it only when excited by joy, surprise, or grief' だった。[4] この書き換えによって、家では方言、外では標準語という使い分けが強調されている。つぎの引用では、母親と娘テスの相違が、誇張を交えて述べられている。

Between the mother, with her fast-perishing lumber of superstitions, folk-lore, dialect, and orally transmitted ballads, and the daughter, with her trained National teachings and Standard knowledge under an infinitely Revised Code, there was a gap of two hundred years as ordinarily understood. When they were together the Jacobean and the Victorian ages were juxtaposed.

(迷信や、民間伝承、方言、口承のバラッドなど、目下急速に滅びつつあるがらくた物を貯めこんでいる母親と、そしておびただしく〈改訂された法規〉のもとで〈国民〉教育を鍛え込まれ、〈標準的〉知識を認定されたその娘との間には、常識的にいって二百年もの歳月の隔たりがあった。二人がいっしょにいると、ジェイムズ一世の御代と、ヴィクトリア朝がともに肩を並べているみたいだった。)

2. ドーセット方言

Tess Durbeyfield at this time of her life was a mere vessel of emotion untinctured by experience. The dialect was on her tongue to some extent, despite the village school: the characteristic intonation of that dialect for this district being the voicing approximately rendered by the syllable UR, probably as rich an utterance as any to be found in human speech. The pouted-up deep red mouth to which this syllable was native had hardly as yet settled into its definite shape, and her lower lip had a way of thrusting the middle of her top one upward, when they closed together after a word.（『テス』第2章）

（この年頃のテス・ダービフィールドは、まだ経験の色に染まっていない、単なる感情の器にすぎなかった。村の学校教育を受けてはいたが、その言葉にはかなりの程度土地の訛(なまり)を聞くことができた。方言のこの地域に特徴的な音調は、UR という音節で表現される発声、と言っていいだろうが、およそ人間の話し言葉の中でこれほど豊かな声音はあるまいと思われる。この音節を生来のものとして会得している彼女の、真っ赤なとがらせた口もとも、まだ一定の形におさまるまでには至っていない。したがって一言いってその唇が合わさるとき、下唇が、上唇の真ん中を突き上げてしまうのである。）

このような言葉からは、ハーディの郷土の方言（およびテス）に対する愛情が感じ取られる。しかし作家としてのハーディは、ありのままの方言を使ったのでは、読者の十分な理解を得られないので、それに手を入れて分かりやすくするという方法を取っている。[5] また方言の使用に一貫性があるわけではなく、個々の特徴がドーセット方言に限られるわけでもない。最も目立つのは f が v になったり、s が z になったりすることであろう。volk （= folk), voot （= foot); zee （= see), zong （= song) などである。さらに home が hwome に、oak が woak になり、within が 'ithin に、woman が 'oman になるように、w が付いたり落ちたりすることもこの方言の特徴である。人称代名詞もいろいろあり、1人称に 'ch, 'a; 2人称に thou, ye, 'ee; 3人称に 'a, （= he, she); 'en, 'n （= him); 'em （= them) などがある。格の交替は多く、I と me, we と us, thou と thee, he と him, she と her, they と them などが無差別に用いられる。動詞や前置詞の後の格も同様である。Don't 'ee mind I?; She's me; one o'we

などがその例である。しかしこれらは大抵文脈から理解できるものである。You zid somebody, I suppose?（誰かに会っただろう？）（『テス』第6章）の zid は s が z になっている上に see の過去形が規則変化で d が付いていてやや分かりにくい。build-builded, draw-drawed, teach-teached などもある。give が gie' になり、gave が gie'd, gived となったり、stand の過去に stooded, think の過去に thoughted という 2 重の形が用いられたりすることもある。be 動詞は、I be, we be, you be, they be; you am, you was, we was などのような無差別な使い方をする。do, have は 3 人称単数でも原形のままである。do は強調でない時にもよく用いられる。そこで he do do（= he does do), I d'know（= I know）のように言う。助動詞では might の方言形 mid が使われる。

　ハーディはしばしば自作を書き改めたが、それは方言の使い方にも見られる。たとえば

> I came, sir, to tell you that we are of the same family as you.（『テス』第 5 章）
> but we have several proofs that we are d'Urbervilles.（同上）

というテスの言葉に 'we are' が使われているが、初めは 2 カ所とも 'we be' だった。他方、父親の言葉、

> But you be glad that you 'm going to marry a gentleman?（『テス』第 4 章）

の 'you 'm'（= you am）は初め 'you are' だったのが方言に書き換えられたのである。また母親の言葉、

> She is such an odd maid that it mid zet her against him, or against going there, even now.（『テス』第 7 章）
> （多少ありゃ変わったとこがあるだで、今この段になってもあの人がいやだの、行きたくないのと言いださないとも限らないからね。）

の zet は初めは set だった。テスと両親の言葉の書き換えを比べてみると、娘の場合は上昇し、両親の場合は下降していて、両者の相違が際立っている。

　このような階級と方言の関係および教育による標準語普及の問題は、世代間の相違にも現れている。たとえば『人生の小さな皮肉』の一編「息子の拒否」で、パブリック・スクールの少年が母親の言った 'He have been ...' を 'Has dear mother; not have !' と苛立たしく正すのもその一例である。

3. ウェセックス
　ハーディは 1874 年に『コーンヒル・マガジン』に連載された『狂乱の群れをはなれて』で初めて「ウェセックス」という地名を使った。彼は 1912 年のウェセックス・エディションの序文に、

I first ventured to adopt the word 'Wessex' from the pages of early English history.
（私は初期英国史のページから初めて思い切って「ウェセックス」という語を採用した。）

と書いた。作品の舞台の統一性を表すために、消滅した王国に含まれた地域の名称を用いるのが好都合だと考えたからである。
　『オックスフォード英語辞典』（*The Oxford English Dictionary*, 以下 *OED* と略記する）の 'Wessex' の項では [OE. *West Seaxe* West Saxons] という語源に続く本文には、つぎのような説明がある。

　The name of a kingdom in south-west England in Anglo-Saxon times, used by Thomas Hardy as the name of the county in which his stories are set（corresponding approximately to Dorset, Somerset, Hampshire, and Wiltshire）and since used as a name for south-west England or this part of it.
　（アングロ・サクソン時代における南西イングランドの王国の名称。

トマス・ハーディが物語の舞台となる地域の名称として用いた（ほぼドーセット、サマセット、ハンプシア、そしてウィルトシアに相当する）。爾来、南西イングランドあるいはその上記の地域名として用いられる。）

上に引用したハーディの序文からは、「ウェセックス」という言葉を彼が初めて採用したという印象を受けるが、OED の最初の例はそれより 6 年早い 1868 年のウィリアム・バーンズ（William Barnes, 1801-1886）の『共通英語による田園生活詩集』（*Poems of Rural Life in Common English*）の以下に挙げる序文にある。

As I think that some people, beyond the bounds of Wessex, would allow me the pleasure of believing that they have deemed..my homely poems in our Dorset mother-speech to be worthy of their reading, I have written a few of a like kind, in common English.
（ドーセットの母語で書かれた私の素朴な詩を読む価値がある…と思ったと私に信じさせてくれる人たちが、ウェセックスの外にもいるだろうと思って、同様の詩を幾つか共通英語で書いた。）

2 番目が 1874 年の『コーンヒル・マガジン』に連載された『狂乱の群れをはなれて』第 50 章の冒頭である。

Greenhill was the Nijnii Novgorod of Wessex; and the busiest..day of the whole statute number was the day of the sheep-fair.
（グリーンヒルはウェセックスのニジニ・ノヴゴロドで、法定数のすべての中で最も忙しい…日が羊市の日だった。）

Wessex は古英語では West Seaxe（= West Saxons）で、これは元来部族名だったが、国名としても用いられた。ノルマン人の征服以後、この国は滅び、Wessex という言葉も使われなくなったのだろう。2001 年に完成した『中英語辞典』（*Middle English Dictionary*）の 2000 年に刊行

された分冊には West-Saxon はあるが Wessex という形はない。そこで OED に従ってバーンズの例を最初だと考えざるを得ない。

OED によれば、Wessex の最初の例は、1868 年のバーンズ の序文で、ハーディの 1874 年の例はその 6 年後である。ハーディが『狂乱の群れをはなれて』の序文を発表した 1912 年はその 38 年後で、バーンズが亡くなってから 26 年経っている。二人がすぐ近くに住んでいて、親しい間柄だったので、ハーディはバーンズの序文を読んだに違いなく、恐らくそのことを忘れていたのだろうとパトリシア・インガムは言う。[6]

4. バーンズとハーディ

ウィリアム・バーンズは 1801 年にドーセットのスターミンスター・ニュートンに近いバグバーで小作人の息子として生まれた。スターミンスター・ニュートンの学校で学んだ後に、ドーチェスターの弁護士事務所で書記を務めた。その後ウィルトシアのミアで学校を開き、さらにドーチェスターに戻って開校した。ケンブリッジ大学で神学士の学位を取り、やがてウィンターボーン・ケイムに聖職禄を得て、1886 年に亡くなるまで、牧師館に住んだ。1856 年にバーンズの学校に隣接する建築事務所に務めていた 39 歳年下のハーディと出会い、終生親交が続いた。バーンズは多才で、多くの言語に通じ、著作は、詩、言語学の他に数学、科学、政治、経済、古代史など広範囲に及んだが、最も熱心だったのは言語研究である。郷土のドーセット方言研究と方言詩に専心し、1844 年に最初のドーセット方言詩集を発表した。その表題は『ドーセット方言による田園生活詩。論文とグロッサリー付き』(*Poems of Rural Life, in the Dorset Dialect: with a Dissertation and Glossary*) である。その中でバーンズはドーセット方言についてこう述べている。

> Some people, who may have been taught to consider it [the Dorset dialect] as having originated from corruption of the written English, may not be prepared to hear that it is not only a separate offspring from the Anglo-Saxon tongue, but purer and more regular than the dialect which is chosen as the national speech; purer, inasmuch as it uses many

words of Saxon origin for which the English substitutes others of Latin, Greek, or French derivation; and more regular, inasmuch as it inflects regularly many words which in the national language are irregular.[7]

　（ドーセット方言は書き言葉の崩れたものだと考えるように教えられた人々には、それがアングロ・サクソン語から別に発達したものであるだけでなく、国語として選ばれた方言よりも純粋で規則的であると言われても、直ちに納得できないかもしれない。純粋というのは、国語がラテン語、ギリシア語、あるいはフランス語由来の別の語に替えているのに対して、ドーセット方言は多くのサクソン起源の語を使っているからであり、規則的というのは、国語では不規則な多くの語の屈折が方言では規則的だからである。）

彼は亡くなる前年につぎのように言ったと、長女ローラの日記に書かれている。[8]

　Ah! if the Court had not been moved to London, then the speech of King Alfred of which our Dorset is the remnant—would have been—the Court language of to-day, and it would have been more like Anglo-Saxon than it is now.
　（ああ、もし宮廷がロンドンに移らなかったら、アルフレッド王の言葉—ドーセットはその名残だが—が今日の宮廷の言葉になり、その言葉は今よりももっとアングロ・サクソン語に似ていただろう。）

バーンズはラテン語やフランス語からの借用語を排して、アングロ・サクソン以来の語に置き換えたり、造語を行ったりした。astronomy を starcraft, dialect を folkspeech, native を home-born, philology を speech-lore, spiritual を ghostly, vocabulary を word-hoard にするなどである。しかしノルマン征服以後 800 年以上も経っている言葉を変えるのは無理であった。バーンズに師事していたハーディがその影響を受けたのは当然である。ハーディも、

Winchester did not remain, as it once was, the royal, political, and social capital of England.... we might have preserved in our literary language a larger proportion of the racy Saxon of the West-country.[9]
（ウィンチェスターはかつてのように、イングランドの王、政治、社会の首都でなくなった。……わが文学語に西部のきびきびしたサクソン語がもっと沢山保たれていたかもしれないのに。）

と残念がった。

　ハーディは『狂乱の群れをはなれて』第 56 章と、『日陰者ジュード』の第 4 部第 4 章にバーンズの詩から引用して友情を示している。[10] しかし彼はバーンズとは異なり、方言詩も書かず、郷土の言葉に固執しない。作品の中に方言を使う時にも、読者の理解を助ける配慮を示していることがある。

『緑樹の陰』第 1 部第 8 章の

And did you ever hear too — just now at supper-time — talking about 'taties' with Michael in such a work-folk way.
（それからまあ聞いて下さい―今しがた食べながら、まるで日傭人夫みたいな口の利き方で、マイクルと、テテーなんて、ポテトのことを話してゐるんですよ。）[11]

に見られる work-folk は初めは labourer で、後に方言に書き換えられた例である。しかし『テス』第 51 章では、

The labourers — or 'workfolk' as they used to call themselves immemorially till the other word was introduced from without...
（土地の労働者たち―この言葉が外の世界からもたらされるまで、遠い昔から彼らが自分たちのことを呼びならわしてきた名称…）

のように説明が加えられている。バーンズはドーセット方言本来の workvo'k を使っていた。これは labourer という外来語に対して、work と folk の 2 語を組み合わせた本来語的な造語である。ただし OED ではこの語を方言とせず、1475 年頃からの例を挙げており、その中にはハーディの例も含まれている。

5. ハーディと OED

『テス』が出版された 1891 年に、イギリスの批評家リチャード・ル・ガリヤンは、『テス』をハーディ最良の小説としながら、ラテン語やギリシア語の長い単語を楽しんでいると言って、dolorifuge（苦痛駆逐。第 6 章。これは OED の唯一例）、photosphere（光球。第 16 章と第 31 章）、heliolatries（太陽神崇拝。第 14 章）、arborescence（樹木状の成長。第 20 章）、concatenation（連鎖。第 14 章）、noctambulist（夢遊病者。第 25 章）を挙げ、「ぞっとするほどいやな」（horrid）動詞 ecstasize（有頂天にする。第 31 章）を加えた。[12] またデニス・テイラーはその著書の冒頭で 'The awkwardness of Hardy's literary language has always been hard to explain.' と述べている。[13] ハーディが言葉に対する大きな関心を持っていたことは、すでに述べたことからも明らかであるが、それは単に個人的なことではない。バーンズも同様の関心を恐らくハーディ以上に持っていたと思われるが、両者の方向は全く異なっていた。バーンズは外来語を排して、アルフレッド以来の純粋な言葉と彼が考えたドーセット方言で詩作したが、ハーディは標準語のみならず、外来語、廃語、古語、稀な語、詩語、口語、俗語、専門用語、方言なども用い、造語も行った。このような試みがハーディの文学語にぎこちなさを感じさせるのであろう。

大陸からの影響を受けてヴィクトリア朝の人々は、あらゆるものに関心を持った。考古学、地質学、博物学、言語学などはその主なものである。そして 1851 年の大博覧会（The Great Exhibition）はその象徴であろう。言葉に限れば、特に歴史・比較言語学が盛んであった。ハーディが生まれた 2 年後の 1842 年にはロンドンに言語学会（Philological Society）が成立した。そこでそれまでの辞書とは違って歴史的展望に

基づく新しい辞書が計画された。そのために古い時代の文献を編纂する初期英語文献協会（Early English Text Society, EETS）が1864年に設立された。少し遅れて『英語方言辞典』（*The English Dialect Dictionary*、6巻、1896-1905）が出版された。*OED* の第1分冊は1884年に、第1巻は1888年に刊行された。ハーディは *OED* が出版されるとすぐ手に取り、*OED* のための読み手は、ハーディの作品が出版されると、特異な用例を辞書に取り入れるために、すぐに手に取ったという。ハーディは *OED* にも方言辞典にも実質的に貢献した。ある時15語を送ったが、そのうち ewelease（牧羊場）、pinner（エプロン）、skitty boots（底に鋲を打った靴）、stitch（麦束の山）、tine（閉じる）の5語をハーディは自分の作品から送った。その他にも幾つか送ったが、workfolk は標準語にされた。[14]

テイラーによれば、*OED* 初版にはハーディから1111語取られているが、26%（285）は唯一の例、5%（56）は最初の例、12%（128）は1750年以来の初めての例である。ヴィクトリア朝の他の著作家と比べると、ロバート・ブラウニング（2682）、カーライル（6376）、ディケンズ（5553）、ジョージ・エリオット（2430）、テニソン（4537）、サッカレー（3412）などはハーディより多く、アーノルド（1064）、バーンズ（189）、シャーロット・ブロンテ（807）、エミリ・ブロンテ（45）、ギャスケル（446）、キプリング（949）、トロロップ（945）などはハーディより少ない。[15]

ハーディと *OED* の関係は実際に密接であったが、両者の年代を比べてみると、ほぼ平行していることに気が付く。ハーディが生まれた1840年に2年遅れて *OED* 発祥の場ともいうべき言語学会が設立され、*OED* 第1巻が刊行された1888年の7年後にハーディの事実上最後の小説『日陰者ジュード』が出版された。そして奇しくもハーディは1928年1月に亡くなって、同年4月の *OED* 刊行には間に合わなかった。1916年にソシュールの『一般言語学講義』が刊行されて、構造主義の先駆けとなった。*OED* 刊行の二七年前に終わっていたヴィクトリア朝を象徴する歴史主義の生命は終わったかに思われたこともあるが、それは杞憂で今も継続して絶えることはない。

注

1. Patricia Ingham, 'Thomas Hardy and the Dorset Dialect,' *Five Hundred Years of Words and Sounds for E. J. Dobson*, ed. E. G. Stanley and Douglas Gray (D. S. Brewer, 1983), 84-91 の 84-85; Ingham, *Thomas Hardy*. Authors in Context (Oxford World's Classics, 2003), pp. 14-15.
2. *Tess of the d'Urbervilles*, The New Wessex Edition, ed. F. N. Furbank (Macmillan, 1974, rpt. 1994) による。
3. 訳は井出弘之訳『テス』(ちくま文庫、2004) による。
4. *Tess of the D'Urbervilles*, ed. Tim Dolin (Penguin Classics, 1998, rpt. 2003). The New Wessex Edition は The Wessex Edition (1912) に基づいているが、Penguin Classics は 1891 年の 3 巻本に基づいているので、比較して改訂の過程を推測するのに便利である。
5. 文学作品における方言についてのハーディの考えは、Harold Orel, ed., *Thomas Hardy's Personal Writings* (The University Press of Kansas, 1969), pp. 91-93 所収の 'Dialect in Novels' に述べられている。
6. Ingham, *Thomas Hardy*, pp. 98-99.
7. William Barnes, *A Dissertation on the Dorset Dialect of the English Language* (1844) in *William Barnes: Collected Prose Works*, ed. Richard Bradbury (Macmillan, 1996), p. 12; Andrew Motion, ed., *William Barnes: Select Poems* (Penguin Classics, 1994), pp. 117-38 に再録。
8. Lucy Baxter, *The Life of William Barnes, Poet and Philologist* (1887) in *William Barnes: Collected Prose Works* (rpt. Macmillan, 1996), p. 317. バーンズについては、拙論「William Barnes とヴィクトリア朝のフィロロジー」(田島松二編『ことばの楽しみ』南雲堂、2006, pp. 9-28〔本書第 9 章に再録〕) を参照されたい。
9. Dennis Taylor, *Hardy's Literary Language and Victorian Philology* (Oxford: Clarendon Press, 1993), p. 161.
10. F. B. Pinion, *A Hardy Companion* (Macmillan, 1968), p. 206 による。
11. 『緑樹の陰』の訳は阿部知二訳『緑の木蔭』(岩波文庫、1936) による。
12. R. G. Cox, ed., *Thomas Hardy: The Critical Heritage* (Routledge, 1970), pp. 178-80. 各語の出所は C. L. Preston, *A KWIC Concordance to Thomas Hardy's Tess of the d'Urbervilles* (Garland, 1989) によって検索した。
13. Taylor, p. 1.
14. Taylor, pp. 116-17.
15. Taylor, pp. 124-25.

(2007 年)

11

アメリカ英語の形成過程

はじめに

「それでは、この新しい人間、アメリカ人とは何者であろう。アメリカ人というのはヨーロッパ人であるか、さもなければヨーロッパ人の子孫、つまり他国では見られないあの奇妙な混血人である」[1]とクレーヴクールは言っているが、その前にニュージャージー・カレッジ（後のプリンストン大学）学長ジョン・ウィザスプーン（1722-94）は、「アメリカの民衆はイギリスの民衆よりよい言葉を話す。……イギリスの州（カウンティー）と州の間には、アメリカの州（ステート）と州の間より大きな方言差がある」[2]と述べている。また A. W. リードは、18世紀のイギリス人のアメリカ英語観を論じた文章で、「イギリス人は自分の島の方言の多様性になれていたので、彼らが見出した主な話題はアメリカ英語の純粋さと一様性であった」[3]と述べている。多様な人種・国民から成るアメリカ人とその統一的な言葉——この問題に答えるためには、アメリカに移住した人びとがどこから来たか、どんな言葉を話していたかを明らかにすることから始めなければならない。

1. アメリカ移民とその言葉

初期の移民とその言葉

ジェイムズ1世の時代、1607年に、ヴァージニアにジェームズタウンを建設した男性のみの105人の移民は、イングランド各地の出身であったが、東部の人が多かったといわれる。その後1700年ごろまでのヴ

ァージニア移民のうち40パーセントはロンドン、グロスター、ケントなどの出身で、そのほかイングランド中南部、西部出身の者もいたが、イングランド南部出身の者が全体の半数以上を占めていたようである。次に1620年にメイフラワー号でマサチューセッツのケープ・コッドに老若男女102人のピルグリム・ファーザーズが到着したが、マサチューセッツ湾周辺の初期移民の3分の2はイングランド東部の出であり、清教徒の根拠地であったイースト・アングリアからの者が多かった。そして1700年ごろまでのニュー・イングランド移民のすべては、その地名が正しく示すように、イングランド出身であり、3分の2はイングランド南部、とくに南東部の出身であった。このように、13植民地をニュー・イングランド、中部大西洋沿岸、南部大西洋沿岸の三つに分けた場合、ヴァージニアを含む南部大西洋沿岸はイングランド南部からの、マサチューセッツを含むニュー・イングランドはイングランド南東部からの移民が多かったわけで、両者は似通っていた。

　これに対して中部大西洋沿岸では事情が違っていた。ニュー・ヨークはもとオランダの植民地だったが、1664年にイギリス領となり、当時の人口はわずか1万人ほどで、イギリス人がその一部を占めていた。ニュー・ジャージーはほとんどイギリス人だった。重要なのはペンシルヴェニアで、1681年、ウィリアム・ペンが、迫害されていたクェーカー教徒のために、ここに植民地を開いた。彼らの出身地はイングランド北部、および北中部だった。翌1682年にフィラデルフィアが建設され、間もなく当時アメリカ最大の都市になった。1720年ごろからスコッチ・アイリッシュが多数ペンシルヴェニアに移住した。彼らは低地スコットランドを追われて北アイルランド（アルスター）に移住した長老会派の新教徒だった。彼らはもと低地スコットランドに住んでいたので、その言葉は英語のスコットランド方言で、中英語の北部方言を基にしたものであった。したがってスコッチ・アイリッシュの言葉とクェーカーの言葉は、北部の英語という点で共通性があった。これらと並んで、18世紀初めに、ライン川流域地方で迫害されていた新教徒のドイツ人が多数ペンシルヴェニアに移住した。彼らはフィラデルフィア周辺からリーハイ川、サスケハナ川流域に定住し、今日にいたり、彼らの言葉はペン

シルヴェニア・ダッチと呼ばれている。「ダッチ」というが実はドイツ語である。フランクリンは、1750年ごろのペンシルヴェニアの人口のうち、イギリス人、スコッチ・アイリッシュ、ドイツ人がそれぞれ約三分の一を占めると言っている。

移民の三つの時期

　A. C. ボーはアメリカ移民を次の3期に分けている。[4] 第1期は1607年のジェームズタウン建設から議会が米国憲法を承認した1787年、あるいは最後の植民地（ロード・アイランド）が憲法を批准し、また第1回国勢調査が行なわれた1790年まで、第2期は南北戦争勃発直前の1860年ごろまで、第3期は南北戦争以後である。第1期の終りとされている1790年に行なわれた第1回国勢調査によると、アメリカ合衆国の人口は約392万9千人で、そのうち95パーセントがアパラチア山脈以東に住み、また全人口の約90パーセントはイギリス諸島からの移民であり、その大部分はイングランドから来た人びとであった。つまりアメリカ合衆国の形成期において、人口の大多数はイギリス人であったのであり、英語が国語となったのは当然のことだったといえる。したがってアメリカ英語の形成において重要なのは、植民地時代のイギリスからの移民の英語であった。

第2期以後

　初期のアメリカ英語に立ち入る前に、その他の主な移民に触れておかなければならない。南北戦争にいたる第2期の移民の主な者はアイルランド人とドイツ人である。アイルランド人（カトリック）の移民は1816年に始まっていたが、1845年のジャガイモの大飢饉によって急激に増加し、10数年の間に150万人に上った。また1848年の革命の失敗のためにほぼ同数のドイツ人が移住し、シンシナティ、ミルウォーキー、セント・ルイスなどの中部都市や中西部の農地に定住した。第3期に入って19世紀後半にはスカンジナヴィア人が100万以上も移住し、ミシシッピー川上流地域に定住した。1890年ごろからは、イタリア人を主とする南欧からの移民およびスラヴ諸国からの移民が多かった。こ

のほか 1682 年にフランス領となって以来ルイジアナにはフランス人がおり、またフランス人のユグノーがサウス・カロライナなどに移住した。さらに南部に定住したばかりでなく、北部や東部の大都市にも移住した黒人、カリフォルニアを中心とする中国人や日本人が加えられる。これらの中にはコロニーを作って母国語を用い続けているものもあるが、多くはアメリカに同化している。例えばペンシルヴェニアのドイツ人にしても、生活様式は保存しているにもかかわらず、ドイツ語そのものは滅びかけており、フランス語も同様で、スカンジナヴィア人も2国語使用を強いられ、アメリカへの同化の方向に向かっている。[5]

2. アメリカ英語の「保守性」

17 世紀の英語

　1607 年にジェームズタウンを建設した人びと、そして 1620 年にメイフラワー号に乗っていたピルグリム・ファーザーズが使っていた英語、それがアメリカ英語の先祖だと言ってよい。彼らの出身地は、すでに述べたように、イングランド東部ないし南部であった。1607 年といえば、シェイクスピアが四大悲劇を書き終えて間もないころであり、4 年後には『欽定英訳聖書』が刊行された。1620 年はシェイクスピア歿後 4 年に当たり、3 年後に彼の最初の全集が出た。ピルグリム・ファーザーズの一人ウィリアム・ブラッドフォード（1590-1657）が 1630 年ごろ書き始めて 1651 年に完成した『プリマス植民地の歴史』は、当時の英語をよく伝えている。

　17 世紀の英語と今日の英語の間にはかなりの相違がある。しかも同じ 17 世紀の英語を母体としているイギリス英語とアメリカ英語の間には、その後少なからぬ相違が生じた。この相違の原因としては、イギリス英語が変化した場合、アメリカ英語が変化した場合、両者共に変化した場合が考えられるが、第二については次節以下で述べることにして、ここでは少なくとも外見は第一の場合に見えるものについて考えることにしよう。これは 17 世紀の英語の特徴がアメリカ英語にも見られるということである。

発音

　まず発音の例を2, 3挙げてみよう。ask, dance, glass, half などの語の母音は17世紀ごろは [æ] であったと言われる。アメリカ英語では、ボストンを中心とする東部ニュー・イングランドを除いて、[æ] の地域が多い。これは古い発音が保存されたものと考えられる。南部イングランドでは [ɑː] となっているが、この変化は18世紀後半ごろに起こったもので、イギリス英語のほうが後に変化したのである。ただし普通に用いられる単語で、シェイクスピア時代の〔æ〕にさかのぼる約600語のうち、イギリスで〔ɑː〕、アメリカで〔æ〕となっているのは約4分の1の150語ほどにしか過ぎず、約4分の3の450語では bad, cap, man のように英米ともに〔æ〕であるから、英米の差を誇張してはならない。[6]

　次にイギリスの標準語では r は母音の前以外では発音されない。つまり rat, run などでは発音されるが、door, car, earth, turn などでは発音されない。ところがアメリカでは、東部ニュー・イングランド、ニュー・ヨークおよび南部では r が発音されないが、その他の地方、つまりアメリカの大部分では発音される。H. キューラスと R. I. マックデイヴィッドはこれについて、イギリスに r を発音する型と発音しない型があって、両方が最初の移民とともにアメリカに伝わったが、18世紀にイギリスで r を発音しない型が標準語として受け入れられると、この型がボストン、ニュー・ヨーク、リッチモンド、チャールストンなど大西洋沿岸の主要な港市で権威を得、それが奥地に広がったのであろうという。[7]

　またアメリカ英語の特徴の一つとして、crop, hot, ox などの母音を〔ɑ〕と発音することもよく知られているが、これはイギリスでは〔ɔ〕と発音され、アメリカでも東部ニュー・イングランドでは〔ɔ〕に近い。〔ɑ〕の音は17世紀のイギリスに起こったもので、それがアメリカに伝わったが、イギリスでは〔ɔ〕に戻っている。

語彙

　次に語彙に移ると、アメリカ英語で「秋」のことを fall と言い、これ

が古語の保存された例としてよく挙げられるので、ラテン語からフランス語経由で英語に入った autumn よりも古いという印象を与える。しかし『オックスフォード英語辞典』(*OED*) によると、autumn のほうが古く、その最初の例は 1374 年で詩人チョーサーのものである。これに対して「秋」の意味の fall の最初の例は、エリザベス 1 世の教師ロジャー・アスカムのものである。しかしその例は（綴り字を現代風に改めれば）spring time, summer, fall of the leaf, and winter（春、夏、落葉季、そして冬）で、まだ fall が独立していないから、修辞的用法とみられる。その次の 1599 年のサー・ウォルター・ローリーの例では独立している。3 番目の例がジェームズタウン建設の指導者ジョン・スミスのものであることは興味深いが、ここでも the fall of the leaf となっている。現在のイギリスでは fall を「秋」の意味に用いるのは、古文体か方言を除けば、まれである。そこでアメリカでは古語が保存されていると言われのである。

バーゲン・エヴァンズとコーニーリア・エヴァンズ共編の『現代アメリカ慣用法辞典』の "ill; sick" の項に次のような説明がある。

　イギリスでは「身体の具合が悪い」という意味を表わす普通の語は ill である。……現代アメリカの慣用では、ill も sick も共に「身体の具合が悪い、健康がすぐれない」を意味する。ill の方が改まった語である……。sick はイギリスの慣用では「吐き気がする」という意味になっている……。多くの語の場合と同様に、ここでもアメリカの慣用は古いもので、イギリスでは以前は使われていたが、今では新しい、あるいは特殊な、意味に変わっている。『マクベス』に出てくる医者がマクベスに向かって、マクベス夫人は "not so sick as she is troubled with thick-coming fancies"（「ご病気というよりはむしろしきりに浮かぶ妄想に悩まされておられるのでございます」〔5 幕 3 場〕）と言っているが、これを現代イギリス英語の意味にとるとおかしいだろう。

　イギリスでは「病気の人」という時に a　sick　person とは言うが、

He is sick. と言えば「彼は吐き気を催している」ことで、これを「彼は病気だ」という意味に使うアメリカに古い用法が残っているというわけである。

このほかに I guess を「私は思う」（I think, I suppose）の意味に、mad を「怒って」（angry）の意味に、loan を「貸す」（lend）の意味に用いるなど、イギリスで古く行なわれていた用法がアメリで普通である例はかなりある。また語形変化の 1 例として、アメリカで get の過去分詞として用いられる gotten をあげることができる。

「植民地の遅れ」

今まであげた発音や用法はイギリスの標準語では廃れているが、アメリカでは残っていると考えられているものである。A. H. マークワートは、イギリスの古い風習のアメリカにおける残存に言及した後に、「初期段階の植民後における母国文化の残存は、初期の言語上の特徴の保存と共に、私が植民地の遅れと呼びたいものを作った。この言葉で私が暗示しようとしているのは、移植された文明（われわれ〔アメリカ〕の文明は間違いなくそうであるが）には、それが元来持っていたある特徴がある期間静止した状態を保つということである」[8] と述べている。この考えは新しいものではなく、例えば G. P. クラップは、次のような J. F. ロンズベリーの言葉（1880）を引用している。「アメリカの教育ある階級の口語は、イギリスの同様の階級のそれと比べると、ある程度古風である。……ある土地から他の土地に運ばれて母国の言葉との交流を維持していない言葉は、専門的には発達の阻止と呼ばれる現象をこうむる。」[9] クラップはこれに反対して、「もしある古語がアメリカの言葉にのみ現れるとしても、これは単にこれらの言葉の特徴が、周囲の事情の偶然によって、イギリスでなくてアメリカに残存したことを意味するに過ぎない。他方イギリスにも、それなりの事情によって保存された言葉があり、アメリカには現れない、イギリス特有の古語の残存がある」[10] と言い、残存はアメリカよりイギリスに多いとしている。要するに古いものの残存がアメリカにあることは事実であるが、それが古語だというのはイギリスの立場からであって、それをもってアメリカ英語の「保守

性」を論ずるのは行き過ぎである。「アメリカ英語が導入した新語のほうが残存語よりもはるかに印象的である」[11] と T. パイルズが言うように、アメリカ英語の主な特徴は別のところに求めるべきであろう。しかし初期移民の言葉がシェイクスピア時代のイギリス英語であったことは、アメリカ英語の出発点として忘れてはならない事実であり、古語の残存と称される幾つかの例がそのことを象徴することは否定できない。

3. 言葉のるつぼ

アメリカは「人種のるつぼ」だといわれるが、アメリカ英語については「言葉のるつぼ」ということがいえるだろう。もっともこの表現は、きわめて受容性に富んでいて、外来語が全語彙の約4分の3を占めるといわれる英語自体に当てはまるのであるが、今はアメリカ英語が問題である。

すでに述べたように、アメリカ移民の中にはイギリス人のほかに、スコッチ・アイリッシュ、アイルランド人、ドイツ人、スカンジナヴィア人、イタリア人、スラヴ民族、フランス人、黒人など種々の民族・国民がいたが、移民たちは新大陸で直ちにアメリカ・インディアンと接触し、さらに先に植民地を開いていたオランダ人、フランス人、スペイン人などと出会い、新たな事物、生物などの名称を多数彼らの言葉から借り入れた。以下主要な言語から入った語の中から、比較的よく知られたものを拾ってみよう。

インディアンの言葉

アメリカ移民とアメリカ・インディアンとの出会いは、ジョン・スミスらがジェームズタウンに到着した日に始まるが、そのスミスの著作 (1608) の中にみられる raccoon (あらいぐま、ただしスミスの表記は今日のものとは異なる) が、インディアンからの借用語の記録された最初の例である。[12] 動物では opossum (ふくろねずみ)、skunk (スカンク) など、植物では hickory (ヒッコリー)、persimmon (柿) などがある。またインディアンの生活からは、totem (トーテム)、tomahawk (まさかり)、wigwam (テント小屋) などがある。paleface (白人)、

warpath（出征路）などはインディアンの複合語の翻訳かもしれないと言われる。また、これは借用語ではないが、Indian gift（返礼目当ての、または返してもらうつもりの贈り物）、Indian meal（とうもろこしの粉）、Indian summer（小春日和）など、Indian を冠した語にも注意すべきである。さらに地名、河川名などにインディアン起源のものが多く、マサチューセッツ、ミシガン、オハイオなど 26 の州名はインディアン起源である。[13] Chicago（シカゴ）は「野生たまねぎ」の意味であるらしく、そのもとは「スカンク」で、「悪臭の町」とか「スカンクの町」という芳しくない名前である。[14] また、Mississippi（ミシシッピー）は「大河」の意味である。

オランダ語

現在のニュー・ヨークはもとオランダの植民地で、ニュー・ネザーランドと呼ばれていたが、1664 年にイギリス領になって、チャールズ 2 世がこれを弟ヨーク公（後のジェイムズ 2 世）の領地としたためにニュー・ヨークと呼ばれるようになった。アメリカにおけるオランダ語から英語に入った言葉には、cookie（クッキー）、waffle（ワッフル）、scow（はしけ）、sleigh（そり）、boss（ボス、親分）、Santa Claus（サンタクロース）、Yankee（ヤンキー、語源には諸説あるが、オランダ人に対するあだな Jan Kees からというのが有力）[15] などがある。またニュー・ヨークの Harlem（ハーレム）、ニュー・ヨーク州の Catskill（キャッツキル）山脈、フィラデルフィアを流れる Schuylkill（スクールキル）川などはオランダ名である（kill は「小川」の意）。

フランス語

フランスは 17 世紀の初めにカナダに植民地を作り、また 1682 年にルイジアナを領有したが、後者は 1803 年にアメリカ合衆国が購入した。フランス語からの借用語はカナダ国境地方から入ったものが多い。今、両者を区別せずに拾えば、caribou（北米産となかい）、chowder（チャウダー〔料理〕）、prairie（大草原）、depot（停車場）などが挙げられるが、caribou はもとはインディアンの言葉である。また Detroit（デト

ロイト、「海峡」の意)、Louisiana (ルイジアナ、同植民地建設当時の王ルイ 14 世にちなむ) などの地名もフランス語であり、Nashville (ナッシュヴィル)、Louisville (ルイヴィル) などにはフランス語の ville (町) がついている。

スペイン語

　スペインはメキシコ、中米 (ブラジルを除く) 南米を領有したほか、1565 年にフロリダに植民地を建設したが、これをアメリカ合衆国は 1819 年に購入した。また 1845 年にはテキサスを併合し、1848 年にはカリフォルニアなどがメキシコから割譲された。スペイン語からの借用語には、corral (柵囲い)、hacienda (農場)、lasso (投げ縄)、ranch (牧場)、cafeteria (カフェテリア)、bonanza (富鉱帯、大当たり)、canyon (峡谷) などがある。cockroach (ごきぶり) は、スペイン語の cucaracha を英語らしくしたものである。17 世紀初めに記録のある chocolate (チョコレート)、tomato (トマト) などは本来メキシコの言葉である。州名 Florida (フロリダ) は、スペイン語の pascua florida (花の祭、イースター) の後半で、「花の (咲いた)、花盛りの」という意味である。1513 年のこの日にスペインの探検家 J. P. デ・レオンがここに上陸したためである。このほか San Francisco (サン・フランシスコ)、Santa Barbara (サンタ・バーバラ) などの地名は聖者の名である。

ドイツ語

　18 世紀の初めにアメリカに移住したドイツ人はペンシルヴェニアに限られ、しかも宗教的、社会的、言語的に分離主義的であったために、彼らの言葉、すなわちいわゆるペンシルヴェニア・ダッチが英語に与えた語彙はあまり多くない。[16] しかし 19 世紀半ばごろからまたドイツ人が多数移住した。ドイツ語から入った言葉には、delicatessen (調理した食品)、hamburger (ハンバーガー)、noodle (ヌードル)、sauerkraut (塩漬けキャベツ)、smearcase (= cottage cheese「コテッジチーズ」) などの食物のほかに、semester (学期)、seminar (ゼミナール) など学校関係の語があるが、ouch (痛い！ドイツ語の autsch) が入っているの

は面白い。この中で smearcase は、ペンシルヴェニアのドイツ語の schmierkäs から来たものである。東部のすべての州で cottage cheese が商品名で、都会ではこれがふつうであるが、各地域での名称がまだ広く残っている。H. キューラスの『合衆国東部単語地理』によると、smearcase は中部大西洋沿岸のとくに北のほうに多いが、それ以外の地域でもかなり広く用いられている。これに対して、もとオランダ植民地であったハドソン川流域地方では、オランダ語の pot kees にならった pot cheese, ニュー・イングランドの残りの地方では Dutch cheese が使われている（このほかの名称もあるが省略する）。[17] なお hamburger の burger の部分が語尾扱いされて、パンに肉などをはさんだものの意になり、cheeseburger, chickenburger, porkburger などが作られた。このほか beer garden（ビア・ガーデン）は Biergarten からの翻訳借用語である。

黒人の言葉

次に黒人を通してアフリカの言葉から入ったものには、banjo（バンジョー、スペイン語起源ともいわれる）、voodoo（ヴードゥ教のまじない）、juke box（ジューク・ボックス）の juke（南部黒人のガラ方言の juke house〔売春宿〕にみられ、「（風紀の）乱れた」'disorderly' の意）などがある。

4. 自由と創意

G. P. クラップの言葉

第2節の終りでアメリカにおける古語の残存について述べた際に、この問題に批判的な学者 G. P. クラップの意見を引用したが、そのすぐ後で彼は次のように言っている。

> しかしアメリカ英語の精神も形態も、エリザベス時代のイギリス英語の継続とは言えないであろうが、それにもかかわらず、ある点では両者の間には並々ならぬ類似がある。これに対する説明は、過去100年間のアメリカにおける生活条件は、16世紀後期および17世紀初期

のイギリスのそれと似ているところがあったという事実に見出される。アメリカの生活は大冒険であった。19世紀初期にこの国の人口、領土、実際的または知的事柄における驚くべき膨張が始まって以来、自由、独立、実験の精神がみなぎっている。アメリカ英語もこのあふれるばかりの発展にあずかっている。……アメリカ人の活発な生き生きした表現は豊かな俗語の語彙を生んだが、英語でこれに匹敵するものを求めるには、シェイクスピアとベン・ジョンソンの時代にさかのぼらなければならない。尊敬され服従されていた上流階級によって言葉の慣習が確立されていた18世紀および19世紀のイギリスでは、言葉の工夫と創意が慣習的な正しさの意識によって抑制されていたであろうが、アメリカではそれほどではなかった。アメリカでは言葉が直接の衝動にじかに応じて作られてきた。アメリカ国民は、誰でも言葉はすべての人の財産であると同時に自分の財産でもあると考えてきた。……アメリカ英語のエリザベス時代的性質は相続財産ではなくて、アメリカの土地での発達である。」[18]

新しく、また発展しつつある世界では次々に新しい事物に出会い、また新しい事物を作り出す。その場合新しい表現が求められるが、その一つの方法は前節でみたように、外国語を取り入れることである。それ以外の方法は、既存の語に新しい意味・用法を与えるか、既存の要素を組み合わせたり短縮したりするか、まったく新しい語を創造するかであろう。言語生活における自由と創意はとりわけこのような面に表わされる。

品詞の転換
1735年にジョージア州にきたイギリス人、フランシス・ムアは、サヴァナの町について航海記にこう書いている。「それは岡の上の平地にある。川岸（それを彼らは野蛮な英語で bluff と呼ぶ）は切り立っていて、高さは約45フィートである。」[19] これがアメリカ英語についてイギリス人が批評を下した最初の例とされている。これは元来「（船のへさきが）切り立った」という意味の形容詞 bluff を名詞として使ったもの

で、それがイギリス人に野卑に響いたのであろう。
　このような品詞の転換はシェイクスピアにはいくつも見出すことができ、最近ではイギリスよりアメリカのほうが盛んである。contact（……に連絡する、……と接触する）、service（an automobile）（〔自動車を〕使えるように手入れする、修理する）、nightclub（ナイトクラブに行く）、vacation（休暇をとる〔過ごす〕）、yes（「はい」という）、highlight（目立たせる）、wastebasket（くずかごに入れる）のように、名詞を動詞化した例は非常に多い。baby-sit（ベービーシッターをする）、typewrite（タイプライターを〔で〕打つ）は、babysitter、typewriter から語尾をとって作ったものである。逆に動詞の名詞化はそれほど多くはない。buy（買い物）、eats（食物）、release（封切）など。know-how（やり方についての知識、方法、こつ）は動詞句から作られた複合名詞である。アメリカ英語には check up（照合する）、walk out（ストライキをする）のように動詞と副詞の結合が多いが、これから checkup（照合）、walkout（ストライキ）のような複合名詞が作られる。また drive in（乗り込む）から、形容詞（乗り込みの）、および名詞 drive-in（乗り込み映画館など）が作られる。

複合語、派生語など

　このような品詞の転換と共に、複合語の多いこともアメリカ英語の特徴である。最近『ウェブスター大辞典』についた8ページの補遺から拾えば、asphalt jungle（アスファルト・ジャングル、大都市）、diner-out（よそで食事をする人）、do-it-yourself（〔形容詞〕しろうとが自分でする）、do-it-yourselfer（自分でする人）、solid-state（ソリッドステートの）、teach-in（ティーチイン）などがある。
　アメリカ英語には派生語も多いが、同じ『ウェブスター大辞典』補遺によると、anti- で始まる語が anti-cancer（抗癌の）、antimissile missile（ミサイル防御用ミサイル）、antinovel（反小説）など21ある。また computerize（コンピューターで行なう、……にコンピュターを備える）、containerize（コンテナーで送る）など、これもアメリカに多い -ize に終わる語が目にとまる。次にコンピューター用語の Algol（アル

ゴル）は *algo*rithmic *l*anguage（科学計算向き言語）の、Cobol（コボル）は *c*ommon *b*usiness *o*riented *l*anguage（事務処理向き言語）の、telex（テレックス、加入電信）は *te*leprinter *ex*change（電信印字機交信）の斜体の部分を並べて作った語、Zip code（郵便番号〔制度〕）のZipは、*z*one *i*mprovement *p*lan（郵便区改革計画）の頭文字から作った語である。以上たまたま手元にある資料を利用したのであるが、これらはアメリカ英語の自由な創造力の一端を示すに過ぎない。

アメリカニズム

このようにアメリカで生まれた単語や表現をアメリカニズム（Americanism）と呼ぶが、この語を最初に使ったのは、本章の初めにあげたジョン・ウィザスプーンである。彼は1781年に発表した論文で、アメリカ英語の特徴を8種類に分け、その第一にアメリカニズムを置いて次のように述べている。「第1類をアメリカニズムと呼ぶ。この語で私が理解しているのは、地位や教育のある人びとの間にもみられるのだが、語句の用法や構文で、イギリスにおける同じ語句や構文とは異なるものである。ある人がこれらを使ったからといって、彼が無知だとか、彼の言葉が全般的に気品を欠くことにはならない。それどころか、用いられた語句自体があらゆる場合に悪いということにはならない。ただそれがイギリスでなくアメリカで生じたというだけのことである。その目的のために私が作ったアメリカニズムという語は、その作り方も意味も、スコティシズムという語とまったく同様である。」[20] ウィザスプーン自身スコットランド人であったが、アメリカニズムをも弁護しているのである。しかし1816年に最初のアメリカニズムの辞書を著したジョン・ピカリング（1777-1846）は、その巻頭で「合衆国中において英語を純粋な姿に保つことは、祖国の文学と科学の味方である全アメリカ人の注意に値する目標である。……合衆国の言葉は……非常に多くの場合にイギリスの標準から離れてきたので、わが国の学者は一刻も無駄にすることなくそれを純粋な姿に戻し、将来の腐敗を防ぐ努力をすべきである」[21] と述べて、アメリカニズムを攻撃している。次節で述べるように、独立戦争のころからアメリカ英語の独立を叫ぶ声が聞かれるのであるが、南

北戦争のころまでピカリングのようなイギリス英語尊重の立場のほうがむしろ優勢であった。

「ウィザスプーンの定義は十分満足すべきものではない。アメリカで始まった語や構文がどこか英語が使われている所で一般に用いられるようになると、それはアメリカニズムでなくなるからである。……だいたいにおいて……*OED*（オックスフォード英語辞典）に与えられた定義が以下のわれわれの議論に最適である。*OED* はアメリカニズムを〈合衆国に特有または合衆国から広がった語や句〉と定義している」[22] というM. M. マシューズは、彼自ら編纂した『アメリカニズム辞典』で、アメリカニズムを「合衆国で始まった語や表現」[23] と定義している。イギリスの辞書の1例として『コンサイス・オックスフォード英語辞典』で星印をつけてある語や句は、「（元来あるいは主に）合衆国」[24] で用いられているものである。同じくイギリスで出版された『ペンギン英語辞典』の序文には次のように書かれている。「アメリカニズムもイギリスの辞書としては異例なほどに含めた。映画、テレビ、ジャーナリズムなどの影響で、アメリカの語彙の英語に対する影響は広く行きわたり、外国の読者、そして実際イギリスの読者も、ひんぱんにアメリカニズムに遭遇して、必ずしもその起源に気づかず、またその意味を理解していない。分岐した枝がこのようにしばしば、そして密接に接触している言語に国家の区分を押しつけようと試みることは、もはや不可能である。〔US〕という指示は、ある語またはある語の特定の意味が現在のところイギリスの慣用に同化されていないということを意味する。アメリカ起源であっても、同化された語や句は、その起源が記憶されていてもそのようには記さない。」[25]

かつてはアメリカ人自身によって非難されていたアメリカニズムが、今やイギリス人によって不可欠なもの、もはやあえて区別すべきではないものと認められるにいたったのである。それにはイギリスの植民地として出発したアメリカ合衆国が、本国を凌ぐ強力な国に発展したという外的事情があることはもちろんであるが、それと共に、とくに独立戦争以後アメリカ英語の独立も勝ち取ろうとした人びとの努力もあったことを忘れることができない。

5. アメリカ英語の独立

「私は、私どもがアメリカで常にこの島［イギリス］の最良の英語をわが国の標準語にすることをあなたと共に希望し、またそうなることを信じています。」[26] ベンジャミン・フランクリンはイギリスの哲学者デイヴィッド・ヒュームにあててこう書いた。独立宣言起草委員となり、合衆国憲法の制定に尽力したフランクリンも、イギリス英語をアメリカの言葉の模範としたのである。前節の引用からわかるように、ピカリング等当時の純粋論者にとって、純粋な英語とはイギリス標準語であった。

ノア・ウェブスター

この考え方に強く異議を唱えたのは、ノア・ウェブスター（1758-1843）である。コネティカットに生まれ、イェール大学を卒業して、法律で身を立てようとしたが、経済的事情で果たせず、生計を立てるため教師になった。これが彼の人生を決定した。当時の教科書に満足できずに、『英文法教程』を編纂した。これは「綴字教科書」（スペリング・ブック）（1783）、「文法」（1784）、「読本」（1785）の3部から成っていたが、第1部が好評だったので、『アメリカ・スペリング・ブック』として独立に出版され、1889年までに6,200万部も売れたといわれる。[27] ウェブスターの目的は、アメリカ人の発音を正確にし、統一させることにあった。

彼を満足させなかった当時の教科書というのはイギリス製であった。18世紀のイギリスは、合理主義的思潮、市民階級の台頭、清教徒的な厳しさなどが力となって、言葉の正しさを求める傾向が強く、数多くの文法書や辞書が出版された。それらの中のあるものはアメリカでも用いられたが、ウェブスターのものが現れる直前にアメリカで最も広く用いられていたのは、1740年ロンドンで出版されたロンドンの教師トマス・ディルワースの『新英語案内』[28] であった。1747年に、フランクリンはこの本のアメリカ版を出した。その後1792年までにアメリカで少なくとも36版出ており、19世紀に入っても続いた。ウェブスター自身もこの本で学んだのであり、これに代わるものとして書かれた彼のスペリング・ブックも、その影響を大いに受けていた。彼自身は自著を宣伝

するあまり、ディルワースの本について「半分は……まったく役に立た
ず、残りの半分は不完全で誤っている」[29]と言っているが。

『英語論』

1789年にウェブスターは『英語論』を出版した。その中で彼は、「わ
れわれの政治的調和は言語の統一性にかかわっている。独立国としての
われわれの名誉心は、政治のみならず言語においても、われわれ自身の
組織を持つことをわれわれに要求する。われわれはイギリスの子であ
り、またその言葉を話しているが、イギリスはもはやわれわれの標準で
あるべきではない。イギリスの作家の趣味はすでに腐敗し、英語は堕落
しつつあるからだ。しかし、もしそうではないとしても、われわれの
模範となり、われわれに国語の原理を教えるにはイギリスは遠すぎる。
……1世紀半のうちに、北アメリカにはみなが同一の言葉を話す1億人
の人びとが住むであろう。アメリカのイギリスからの分離は、やがて現
代オランダ語、デンマーク語そしてスウェーデン語がドイツ語と、ある
いはそれらが互いに異なるくらい、将来のイギリスの言葉と異なった言
葉を生み出すであろう」[30]と言って、独立国としての言語の統一の必要、
イギリス英語からの独立を説いている。

元来ウェブスターは綴字改革に共鳴していなかったが、フランクリン
の影響で関心を抱くようになり、『英語論』の補遺として綴字改革論を
載せた。そこでは英語の綴字と発音の不一致の原因を説明し、発音され
ない文字の省略（bread → bred; give → giv）、綴字の規則化（mean,
grief → meen, greef; tough → tuf; character → karacter）などによる改良
を提案した。そして「合衆国におけるこの改革の主要な利点は、イギリ
スとアメリカの綴字法に相違を生ぜしめることであろう。……このよう
なことは政治上きわめて大きな意義を持つ問題であると信ずる」[31]と言
っている。しかし改革論は強硬な反対に出会った。

辞書

1806年にウェブスターは、約2万8千語を含む『簡明英語辞典』（*A
Compendious Dictionary of the English Language*）を出した。そこで

これまでの辞書にない語を 5 千加えたが、それらはアメリカニズムとか卑語といって非難され、『英語論』のときよりも控え目な綴字改革も攻撃された。1828 年 70 歳のときに、2 巻から成り、7 万語を含む『アメリカ英語辞典』(*An American Dictionary of the English Language*) を著した。この辞書は大規模なもので、語源を記し（ただし誤りが多い）、アメリカニズムを多数収録し、アメリカ作家からの例が引用されている。表題に"American"と記した点に、アメリカの辞書を出すべき時が来たことに対する彼の確信が窺われる。[32] これらの辞書で彼が提案した綴字改革の中で、次にあげるのは一般に受け入れられた主要なものである。(1) 2 音節以上の語で語尾 ck の k を落とす (physick, musick → physic, music) (2) -our を-or にする (honour, favour → honor, favor――ただし saviour, glamour はそのまま)。(3) -re を -er にする (centre, theatre → center, theater)。(4) -ce を -se にする (defense, offense――ただし fence はそのまま)。(5) travel のように l で終り、第 2 音節に強勢のない語に語尾をつける場合、l を重ねない (traveled, traveler, traveling)。(6) -ise を -ize にする (civilize, organise → civilize, organize)。(1) を除いて今日の英米の相違になっている。ウェブスターが試みて一般に受け入れられなかった例には、tung (tongue), fether (feather), crum (crumb), soop (soup), wimmen (women), groop (group), iland (island), definit (definite) などがある。

　このようなウェブスターの活動は、アメリカ合衆国の政治的独立と並行したアメリカ英語の独立への努力の典型的な例ということができよう。彼にとって言葉の統一は国家の統一と結びついていたが、これは当時のアメリカの風潮でもあった。学校における言葉の教育は盛んであった。当時の文法家が目指していたのはいわば人為的に言葉に統一を与えることであり、またそれは社会の要請でもあったが、実際にアメリカ英語は統一的な言葉になったであろうか。

6. 地域と階層

地域的相違

　1889 年に「アメリカ方言学会」が創立され、機関紙『方言ノート』

の刊行が始まったが、アメリカにおける方言研究が本格的になったのは、1930年、アメリカ諸学会協議会（ACLS）の後援、H. キューラスの指導で、『合衆国およびカナダ言語地図』が企画されてからといってよい。その最初の成果は、キューラス編『ニュー・イングランド言語地図』（3巻、1939-43）である。その後キューラスの『合衆国東部単語地理』（1949）、E. B. アトウッドの『合衆国東部動詞概観』（1953）、キューラスとR. I. マックデイヴィッドの『大西洋沿岸諸州における英語の発音』（1961）が出た。その他の地域については出版準備中または調査中である。したがってこれまでによくわかっているのは、合衆国東部大西洋沿岸である。次ページの地図が示すように、この地方は北部、中部、南部の三つに分けられる（中部は北と南に二分される）。三つの地域の境界線の西の方に注意すべきである。北部と中部の境界線は北西に向かうが、やがてほぼ西方に進む。中部と南部の境界線は鋭く南下して、中部が広がり南部が狭まっている。この線はブルー・リッジ山脈に沿っている。比較的少数の例外を除いて、西部への移住は大西洋沿岸の定住の型の延長であったが、南中部および北部内地（西部ニュー・イングランド、北部ニュー・ヨークなど）からの移住が多く、南部、北中部、東部ニュー・イングランドからの移住は比較的少ない。

　東部ニュー・イングランド（ボストンを含む）、ニュー・ヨークおよび南部の方言では、ふつう door, earth などの r を発音しないが、南中部や北部内地では発音する。東部ニュー・イングランドでは、ask, dance などの母音を〔aː〕ないし〔ɑː〕と発音するが、その他の地域では〔æ〕である。また東部ニュー・イングランドでは crop, hot などの母音を〔ɔ〕に近く発音するが、その他の地域では〔ɑ〕である。これらはイギリス英語とアメリカ英語の発音の典型的な相違である。このような言葉を話す人びとが西部への移住者の主体を成していたのであり、彼らの住みついた中西部、西部は、面積からいっても人口からいっても合衆国の大きな部分を占めている。彼らの言葉がアメリカ英語を代表するようになったのはうなずけることである。

　現代の方言別の重要な要因は、最初の移民の原住地である。第1節で述べたように、東部ニュー・イングランドと南部の最初の移民の言葉

アメリカ合衆国主要方言地域

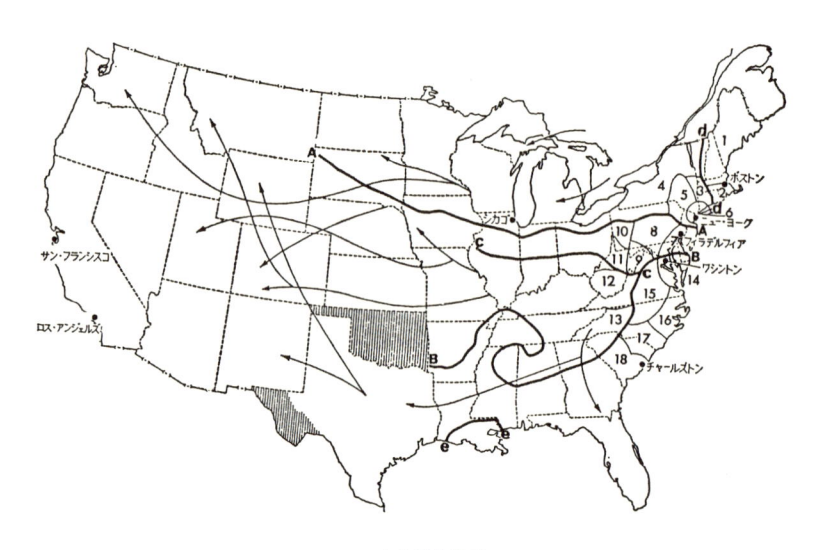

凡例:
- 推移地域
- 方言境界線
- 移住の方向
- 州境界線

大方言境界線
- A—A 北部—中部
- B—B 中部—南部

小方言境界線
- c—c 北中部—南中部
- d—d 大西洋沿岸ニュー・イングランド—北部
- e—e ニュー・オルリーンズ焦点地域—南部

合衆国東部方言地域

北部
1. 北東部ニュー・イングランド
2. 南東部ニュー・イングランド
3. 南西部ニュー・イングランド
4. 北部内地（西部ヴァーモント、北部ニュー・ヨークなど）
5. ハドソン川流域
6. ニュー・ヨーク市

中部
7. デラウェア川流域（フィラデルフィア）
8. サスクイハナ川流域
9. ポトマック川上流およびシェナンドア川流域
10. オハイオ川上流流域（ピッツバーグ）
11. 北部ウェスト・ヴァージニア
12. 南部ウェスト・ヴァージニアおよび東部ケンタッキー
13. 西部カロライナおよび東部テネシー

南部
14. デルマーヴァ*（東岸）
15. ヴァージニア・ピードモント
16. 北東ノース・カロライナ（アルビマール入江およびニュース川流域）
17. ケープ・フィア川およびピーディー川流域
18. サウス・カロライナ低地（チャールズトン）

*デラウェア・メアリーランドおよびヴァージニアの略

*本地図は H. Kurath, *A Word Geography of the Eastern United States*; W. N Francis, *The Structure of American English*; J. Malmstrom & A. Ashley, *Dialects: U. S. A* 所載の地図を参考に作成した。

は、イングランド南部ないし東部という共通点があるのに対して、西部ニュー・イングランドや中部にはイングランド北部や北中部の人びとが多く、これにスコッチ・アイリッシュが加わった。こういった移民の性格が現代の方言に反映していると断言することは危険であるが、少なくともその可能性はあるであろう。方言区画は、移民が早く行なわれて、長い間定住していた東部大西洋沿岸地方でははっきりしているが、西部に行くにつれて明確でなくなる。それにはいろいろな理由があるであろうが、西漸する場合にその方向は一定せず、一地方にさまざまの地方からの人が移ったり、同じ地方に繰り返し移民が行なわれたり、外国から直接移住したりで、移住者の混合が多かった。また海岸地方の人びとが移住先に似た地方を求めるというわけで、太平洋沿岸にニュー・イングランドからの移民が目立ったり、都会から都会への移転が多く、太平洋沿岸にニュー・ヨーク出身の人びとが多かったり、サン・フランシスコにボストンの言葉が残っていたりすると言われる。このように移住者が多様なこと、移動の頻繁なことが、あれだけ広大な国であるにもかかわらず、古い国々のような言葉の大きな地域差を生ぜしめなかった原因であろう。

社会階層

　言語の多様性を論じる場合に、地域差だけを取り上げたのでは十分ではない。さきに南部大西洋沿岸では door, earth などの r を発音しないと述べた。これが一般に言われていることであるが、サウス・カロライナには r を発音しない所もある。H. キューラスは、それは一定の地域で、ペンシルヴェニアから南下したスコッチ・アイリッシュが定住した所だと説明した。しかし R. I. マックデイヴィッドが調べたところ、事情はもっと複雑で、r を発音する地域と発音しない地域はそれほど明確に分かれていない。そこで社会階層的な説明が必要になった。r を発音する地域でも、教育のある人、若い世代、都会人の場合は r を強く発音しない傾向があることがわかった。これをマックデイヴィッドは次のように説明する。この地方に移住した（r を発音しない）南部イングランドの人びとはもとは数が少なく、海岸地方のみにいて、奥地には（r を

発音する) スコッチ・アイリッシュとドイツ人が住んだ。しかしプランテーションが広がるにつれて、チャールストンを中心にしとした海岸地方の地位が、政治的にも商業的にも高まり、その r を発音しない言葉が権威を持ち、奥地にも広まった。このようにサウス・カロライナでは r を発音しない言葉はプランターと黒人奴隷のよい言葉となり、r を発音する言葉はプア・ホワイト（貧乏白人）の言葉として蔑視された。しかし権威は変わるもので、r を発音する北部、西部の軍人の駐留地ができ、また、ラジオ・映画の影響などで、r を発音する言葉のほうが権威を持つ兆しがあることをマックデイヴィッドは指摘している。[33]

　南部と同じく、ニュー・ヨークもふつう r を発音しない地域とされている。ところが最近の W. ラボーヴの研究『ニュー・ヨーク市の英語の社会階層』[34]によると、上の階層になるにつれて、また改まったスタイルになるほど r を発音することが多くなり、この傾向は若い世代のほうに目立っている。そして彼は、「ニュー・ヨークの人びとには自分たち自身の権威ある方言を発達させるよりは、むしろ他の地域から権威ある方言を借りる傾向が長い間ある。現在の状況ではニュー・イングランドの影響は後退して、その代わりに北部および中西部型の言語から新しい権威ある方言が借りられていることがわかるのである」[35]と言い、この傾向が著しくなったのは第 2 次世界大戦のころからだと言う。以上のような事実は、社会階層による言葉の相違があることを示すことは言うまでもないが、南部のチャールストンとか、ボストンを中心とするニュー・イングランド、そしてその影響下にあるニュー・ヨークなど、かつての権威が後退しつつあり、それに代わるものが北部や中西部の、言い換えれば広大な地域を占める典型的なアメリカの言葉であることを暗示している。

アメリカ英語の特徴

　マックデイヴィッドは「（アメリカ合衆国には）イギリスのロンドン、スペインのマドリッド、フランスのパリ、あるいはイタリアのフィレンツェやローマのような、圧倒的な権威を持った一つの中心のようなものはない。ボストンやニュー・ヨークやセント・ルイスが一時優勢だった

にもかかわらず、多くの地域社会が、その地域の教養ある人びとの言葉の持つ権威を誇りを持って指摘しうるという事実は変わらない。そして新しい文化の中心地が出現すれば、その権威を持つ地域変種がそれだけ増えるのである。……アメリカ英語の二つの重要な特徴は、比較的、統一的、かつ等質的なことと、標準的なレベルでの変種が持続していることである」[36]と述べている。彼はまた、「公立学校で英語を教える人びとは、自分たちが教えている地域社会の社会的に好まれている発音を十分知っているべきである。生徒に耳慣れない発音を押しつけようとして、時間と勢力を浪費してはならない」[37]とも言う。

広大な地域に多様な民族・国民の混合した住民がいながら、比較的地域差の少ないこと、また強力な権威を持った標準語がなく、各地域の教育ある人びとの言葉が権威を持つことが、アメリカ英語の特徴と言えるであろう。地域差が少ないという点では一様性があり、各地域の言葉が独立性を持つ点では多様性があって、合衆国という国の性格が言葉の上に現れていると思われる。そしてもう一つ付け加えるならば、特に中西部の言葉が、多数の人びとに用いられている点で典型的なアメリカ英語であるばかりでなく、ラボーヴの表現を借りれば、「新しい権威」になりつつあると考えてよいであろう。

注

1. 『あるアメリカの農夫からの手紙』(J. Hector St. John de Crèvecoeur, *Letters from an American Farmer*, 1782) の第3信「アメリカ人とは何か」("What is the American?")『原典アメリカ史』第1巻（1950年、岩波書店）337ページより。
2. Rev. John Witherspoon, "The Druid," No. V, *Pennsylvania Journal and the Weekly Advertiser*, May 9, 1781 (M. M. Mathews [ed.], *Beginnings of American English*, p. 16 より。)
3. A. W. Read, "British Recognition of American Speech in the Eighteenth Century," *Dialect Notes*, vol. VI, pt. VI (1933), p. 322. H. L. Mencken, *The American Language*, abridged by R. I. McDavid, Jr. (1963) p. 5 より。
4. A. C. Baugh, *A History of the English Language* (London, 1963), pp. 406-7.
5. W. N. Francis, *The Structure of American English* (New York, 1958), ch. 9, "American English Dialects" by R. I. McDavid, Jr. pp. 527-34.
6. A. H. Marckwardt & R. Quirk, *A Common Language* (1964), p. 18.
7. H. Kurath and R. I. McDavid, Jr. *The Pronunciation of English in the Atlantic States* (Ann Arbor, 1961), p. 171.

8. A. H. Marckwardt, *American English* (New York, 1958), p. 80.
9. G. P. Krapp, *The English Language in America* (New York, 1925), vol. 1, pp. 49-50 に引用された *The International Magazine*, May, 1880 掲載の J. F. Lonnsbury の文章の1節。
10. G. P. Krapp, *op. cit.*, Ⅰ, 51.
11. T. Pyles, *Words and Ways of American English* (1952), p 27.
12. M. S. Sergeantson, *A History of Foreign Words in English* (1935), p. 257.
13. A. H. Marckwardt, *op. cit.*, p. 154.
14. H. L. Mencken, *op. cit.*, p. 646.
15. *Ibid.*, pp. 122-3.
16. Cf. L. L. Rockwell, "German Loan Words in American English," *Studies in Languages and Linguistics in Honor of C. C. Fries*, (ed.) A. H. Marckwardt (New York, 1964), pp. 29-240.
17. H. Kurath, *A Word Geography of the Eastern United States* (Ann Arbor, 1949), p. 71 および第 125 図。
18. G. P. Krapp, *op. cit.*, Ⅰ, pp. 51-2
19. H. L. Mencken, *op. cit.*, p. 1; T. Pyles, *op. cit.*, p. 6
20. 原典は注 (2) 参照（引用は M. M. Mathews [ed.], *Beginnings of American English* [1963], p. 17 より）。
21. J. Pickering, *A Vocabulary or Collection of Words and Phrases which have been supposed to be peculiar to the United States of America* (1816) の巻頭のエッセー (M. M. Mathews [ed.], *op. cit.*, pp. 65ff. より)。
22. M. M. Mathews (ed.), *op. cit.*, p. 31.
23. M. M. Mathews (ed.), *A Dictionary of Americanisms* (1951), p.v.
24. H. W. Fowler and F. G. Fowler (eds.), *The Concise Oxford Dictionary of Current English*, fifth edition, rev. by E. McIntosh (1964), p. xvi,
25. G. N. Garmonsway (ed.) The Penguin English Dictionary (1965), p. vii.
26. A, C. Baugh, *op. cit.*, p. 448.
27. H. L. Mencken, *op. cit.*, p. 402, n. 1.
28. T. Dilworth, *A New Guide to the English Tongue* (英語文献翻刻シリーズ第9巻、南雲堂、1968 年)、421 ページ以下の著者による解説 (本書第8章に再録) を参照。
29. T. Pyles, *op. cit.*, p. 101.
30. N. Webster, *Dissertation on the English Language with Notes Historical and Critical to which is appended by way of Appendix an Essay on a Reformed Mode of Spelling* (1789). (S. I. Tucker, *English Examined* [1961], pp. 136-7 より)。
31. 注 (30) の *Dissertation* の Appendix より (W. F. Bolton [ed.], *The English Language* [1966], p. 162)
32. ウェブスターは 1840 年に改訂版を出したが、1843 年に亡くなり、以後版権がメリアム出版社に移った。何度か改訂され、1909 年にまったくの新版ともいうべき『ニュー・インターナショナル英語辞典』が出、1934 年に第2版、1961 年に大改訂を施した第3版が出た。
33. R. I. McDavid, Jr., "Postvocalic -r in South Carolina: A Social Analysis," *American Speech*, 23 (1948), pp. 194-203, (D. Hymes [ed.], *Language in Culture & Society': A*

Reader in Linguistics and Anthropology [1964], pp. 473-482 による。)
34. W. Labov, *The Social Stratification of American English in New York City*, (1966), p. 2
35. *Ibid.*, p. 499.
36. W. N. Francis (ed.), *The Structure of American English*, "American English Dialects," by R. I. McDavid Jr., p. 539.
37. R. I. McDavid, Jr., "Some Social Differences in Pronunciation," *Language Learning*, 4 (1952-3), pp. 102-116 (H. B. Allen [ed.], *Readings in Applied English Linguistics* [1964], p. 261 より)。

(1970年)

初出一覧

序論 細部より始めて『不死島』(南雲堂) 51(1981), 8-10。
1. 歴史の中の古英語とアングロ・サクソン・イングランド『学苑』(昭和女子大学) 4月号 (2003), 178-88。[2003年5月15日, 関東学院大学で行った講義のために書かれた。]
2. 古英語とその名残 (書下し, 2008)
3. 標準英語の歴史的考察——標準古英語を中心として『近代英語研究』(近代英語協会) 21 (2005), 1-18。[2004年5月21日, 関西外国語大学で開催された近代英語協会第21回大会における講演に基づく。]
4. 中世紀英語散文の文体 (寺澤芳雄・大泉昭夫 編『英語史研究の方法』) 南雲堂 (1985), pp. 201-30。[1983年12月3〜4日, 同志社大学で開催された「英語史研究者専門会議」における発表に基づく。]
5. 中英語研究における諸問題について『人文学報』(東京都立大学人文学部) No. 103 (1974), 25-48。[1972年7月15日, 東京教育大学で開催された中世英文学談話会における発表に基づく。]
6. チョーサーの英語と写字生 (大泉昭夫・岩崎春雄 編『チョーサーの英語——研究の課題と方法』) 英潮社新社 (1989), pp.155-66。[1987年10月3〜4日, 同志社大学で開催された「チョーサーの英語に関する研究者会議」における発表に基づく。後にこの論文に増補・修正を加えた英語版 "Chaucer's syntactic variants and what they tell us", Jacek Fisiak, ed., *Studies in English Historical Linguistics and Philology: A Festschrift for Akio Oizumi* (Frankfurt am Main, etc.: Peter Lang, 2002), pp. 405-17 を発表した。本書に再録した日本語版には英語版による所がある。]
7. Laura Wnight (ed), *The Development of Standard English 1300-1800: Theories, Descriptions, Conflicts* (書評)『英文学研究』(日本英文学会) Vol. 78, No. 2 (2001), 217-22。
8. Thomas Dilworth: *A New Guide to the English Tongue* の解説 (英語文献翻刻シリーズ) 南雲堂 (1968)
9. William Barnes とヴィクトリア朝のフィロロジー (田島松二 編『ことばの楽しみ』) 南雲堂(2006), pp. 9-28。(本書では Barnes の詩には訳を付けた。)[2005年11月5日, 東京理科大学で開催された日本ハーディ協会第48回大会における特別講演のために書かれた。]
10. ハーディの英語『トマス・ハーディの全貌』(音羽書房鶴見書店) (2007), pp. 636-52。
11. アメリカ英語——その形成過程『講座 アメリカの文化』4. 南雲堂 (1970), pp. 253-86。

著者について

小野　茂（おの・しげる）

1930年、東京生まれ。1953年、東京大学文学部英文学科卒業。1969～70年、ペンシルヴェニア大学留学。1971年、文学博士（東京大学）。東京都立大学名誉教授。元昭和女子大学教授。国際アングロサクソニスト学会（ISAS）名誉会員。
主な著訳書に『英語慣用句小辞典』（共著、研究社）、『英語法助動詞の発達』（研究社）、『英語学大系8 英語史Ⅰ』（共著、大修館）、『フィロロジーへの道』（研究社）、『英語史の諸問題』、*On Early English Syntax and Vocabulary*（英文）、『英語史研究室』、『フィロロジーの愉しみ』、『フィロロジスト』（南雲堂）、『フィロロジーのすすめ』（開文社）、コツィオル『英語史入門』（南雲堂）、ブルンナー『英語発達史』（共訳、大修館）などがある。

歴史の中の英語　　　　　　　　　　　　　　　　　[IG-73]

2008年6月30日　第1刷発行　　定価3,150円（本体3,000円＋税）

著　者　小野　茂
発行者　南雲一範
装幀者　岡　孝治
発行者　株式会社　南雲堂
　　　　〒162-0801　東京都新宿区山吹町361
　　　　振替口座　00160-0-46863

　　　　［書店関係・営業部］☎ 03-3268-2384　FAX 03-3260-5425
　　　　［一般書・編集部］☎ 03-3268-2387　FAX 03-3268-2650

製版所　壮光舎
製本所　長山製本所
コード　ISBN978-4-523-30073-1 C3082

Printed in Japan

南雲堂／好評既刊書

フィロロジスト　言語・歴史・テクスト
小野茂　46判　264ページ　定価 2,940 円

古英語散文史研究 〈英文版〉
Studies in the History of Old English Prose
小川浩著　A5判上製　296ページ　定価 7,500 円

チョーサー　曖昧・悪戯・敬虔
齋藤勇著　46判上製　350ページ　定価 3,990 円

＊定価は税込